변화하는
세계 기독교와
선교

선교 패러다임의 이해와 전망

사단법인 한국해외선교회(GMF) 산하 연구기관으로
선교지의 정보수집, 효과적인 선교전략 연구, 국내외 선교운동의 동향과 이슈 분석,
선교사 지망자에 대한 안내, 교회를 위한 정책 자문, 선교 리서치 훈련,
선교 교육 등의 사역을 감당하고 있습니다.

*일러두기

 이 책은 대한인쇄문화협회에서 제공한 서체(바른바탕체)가 적용되어 있습니다.

변화하는 세계 기독교와 선교
선교 패러다임의 이해와 전망

1 판 1 쇄 발 행 2024년 6월 14일
발 행 처 사)한국해외선교회 출판부(GMF Press)
지 은 이 임태순
편 집 인 홍현철
디 자 인 윤희정
주 소 서울 양천구 목동중앙본로18길 78, 4층
전 화 (02)2654-1006
이 메 일 krim@krim.org
등 록 번 호 제21-196호
등 록 일 1990년 9월 28일

ISBN 978-89-86502-93-0 93230

선교 패러다임의 이해와 전망

변화하는
세계 기독교와
선교

임태순

한국해외선교회출판부

※ 이 책은 내수동교회의 후원으로 제작되었습니다.

목차

오래전부터 비서구권 교회의 성장을 주시했던 선교 역사학자 앤
드류 월스(Andrew Walls)는 『세계 기독교와 선교 운동』이라는 책에서
지난 2000 년 동안 일어난 교회의 확장 역사에서 세 번의 큰 전환
점이 있었다고 관찰했습니다. 첫 번째는 사도행전 11:19-20 에 기
록된 것으로, 안디옥에서 이름을 알 수 없는 유대 그리스도인이
이스라엘 민족의 메시아를 그리스도인들의 주(Kyrios)라고 전파한
것입니다. 이 사건을 통해 유대인들에게만 머물러 있던 복음이 헬
레니즘 문명권과 전 세계로 문화의 경계를 넘어 확산되는 길을 열
게 되었습니다. 두 번째 전환점은 5 세기 북유럽과 서유럽이 복음
화되면서 기독교 왕국, 즉 국가 권력과 기독교가 동일시되면서 기
독교가 힘을 가진 세력으로 복음을 전하는 크리스텐덤 시대가 열

린 것입니다. 세 번째는 현재 우리가 살고 있는 시대에 그 절정을 향해 가고 있는 것으로, 기독교가 남반구 대륙 전역으로 확산하면서 진정한 의미의 세계 기독교 시대가 열린 것입니다. 우리가 이러한 세 차례의 변화에 주목해야 하는 이유는 이 세 번의 변곡점은 세계 선교의 패러다임을 근본적으로 바꾸었기 때문입니다.

오늘날 세계 기독교 시대에 우리의 교회와 선교는 본질적인 변화에 직면해 있으며 그것을 어떻게 헤쳐 나갈 것인지라는 질문에 답해야 하는 숙제를 가지고 있습니다. 이 질문은 전 세계 교회에 모두 중요하지만, 특히 한국 교회와 선교가 반드시 고민하고 넘어가야 할 질문입니다. 그 이유는 한국 교회의 선교는 이제까지 서구가 주도했던 선교 시대의 마지막 부분에 부흥을 경험하면서 서구로부터 배워 시작되었기 때문입니다. 그리고 지난 몇십 년 동안 열심히 선교했는데, 문득 멈추어 바라다보니 세계 기독교는 엄청난 변화를 맞이하고 있는 것이었습니다. 얼마 전까지만 해도 선교지였던 나라의 교회들이 오늘날 빠른 속도로 성장하고 있고, 더나아가 선교하는 교회로 변화된 것입니다. 이제 선교하는 나라들이 되어버린 비서구 교회들과 함께하는 한국 교회의 선교 방식은 전혀 다른 모습이어야 합니다.

한국에서 신학자들과 몇몇 반추하는 선교사들 사이에서 논의되고 있던 세계 기독교 시대의 선교에 대한 논의가 한국 교회와 선교계에 확산된 계기는 2023년 6월에 열린 세계복음화를 위한 국가전략회의(National Consultation on World Evangelization, NCOWE)에서 있었습니다. 대회 프로그램 팀장이었던 저는 짧은 시간 안에 세계 기독교 시대의 도래를 설명해 줄 수 있는 발제자를 찾다가 본 저서의 필자가 쓴 소논문을 발견했습니다. 그동안 논의되고 있던 세계 기독교 시대와 관련된 엄청난 내용을 짧은 시간 안에 모두가 이해할 수 있는 방식으로 제시한 필자의 탁월한 이해력과 해석 능력에 모두가 감탄했습니다. 그런데 필자가 우리에게 줄 수 있는 더 좋은 선물은 그 전체 그림을 그려 주는 것이었습니다. 이 책이 그 선물입니다.

저자는 오늘날 변화하는 선교를 세 가지 기둥, 즉 '삼위일체 하나님의 선교', '번역 가능한 복음' 그리고 '세계 기독교 현상'으로 우리에게 설명해 주고 있습니다. 세계 기독교의 시대가 열리면서 한편에서는 반가워했지만, 다른 한편에서는 어떻게 이 전환기를 제대로 극복할 것인가의 질문에 대해 선교는 '삼위일체 하나님의 선교'라는 선교 담론으로부터 새롭게 출발해야 한다는 세계 교회의 인식은 정말 다행스럽고 반가운 일입니다. 동시에 복음을 전 세계 교회가 함께 공유할 수 있는 이유는 복음은 어떤 문화에서도 그 본질을 잃지 않고 번역 가능하다는 것을 인식했기 때문입니다. 이러한 발견 또한 놀라운 일입니다. 필자는 이 세 가지 개념을 설명하기 위해 많은 자료와 책으로 섭렵했고 이를 우리에게 제시해 주고 있습니다. 더욱 놀라운 것은 이 개념을 단지 학문적인 논의로만 전달하지 않고 필자 자신이 선교사로 긴 여정을 가면서 이 변화를 경험하고 이해하고 깨닫고 본인의 것으로 소화하여 한국 교회와 선교가 고민해야 할 질문을 던지고 있다는 점입니다.

이 책 한 권을 꼼꼼히 읽는 것만으로도 세계 기독교 시대에 한국 선교가 나아갈 새로운 방향을 모색하는 데, 우리 스스로에게 많은 질문을 하는 좋은 계기가 될 것입니다. 필자가 고민하고 정리하고 해석한 내용을 더 깊이 들여다보길 원하는 독자들은 필자가 언급한 책과 자료를 살펴보면 좋을 것입니다. 한국 선교의 전환기에 우리들의 생각과 논의를 촉진시킬 이 책은 선교사와 교회 지도자 그리고 한국 교회와 선교의 미래를 가늠해 보길 원하는 모든 이들에게 큰 선물이 될 것입니다.

한철호(미션파트너스 대표)

필자는 선교지에서 여러 상황을 만나면서 경험한 것들을 동료와 후배 선교사들, 더 나아가 선교를 위해 기도하고 후원하는 교회들과 나눌 수 있는 기회가 있었으면 했다. 2013 년, 본부 대표 사역 때문에 귀국한 이후 주님께서 국내 여러 신학교에서 선교학을 강의할 수 있는 기회를 주셨고 이를 통해 어느 정도 그 마음을 해소할 수 있었다. 특히 아신대학교(예전 이름은 아세아연합신학대학교, ACTS) 내에 있는 국제교육원(Acts International Graduate School, AIGS)에서 강의할 수 있었던 것은 큰 축복이었다. 아시아, 아프리카에서 온 유학생들을 대상으로 선교학의 다양한 과목을 가르쳤는데 이 경험은 현장에서의 경험과 새롭게 논의되고 있는 여러 선교학적 쟁점들을 통합하는 계기가 되었다. 이 책의 논의들 대부분은 이 과정에서 정리된 내용이다. ACTS에 유학 온 학생들은 그 나라 교회의 미래를 짊어질 젊은 지도자들이다. 이들과 함께 비서구 출신 선교사로서 필자가 현장에서 느낀 고민과 깨달음을 나눴고 다양한 주제들에 대해 함께 토론할 수 있었다. 필자에게는 선교를 새롭게 배우는 시간이기도 했다.

3시간 수업, 그것도 영어로 가르치는 일은 영어권에 살아본 적이 없는 필자에게는 쉽지 않은 도전이었다. 내 수업 방식은 절반은 강의를 하고 나머지 절반은 토론으로 진행된다. 토론을 위해 먼저 학생들에게 읽어올 과제를 부여하고 경우에 따라서는 토론할 질문을 미리 주기도 한다. 해당 주제와 연관된 여러 질문을 중심으로 토론을 하게 되는데 서로 다른 문화적 배경을 가진 학생들의 반응을 보면 사뭇 흥미롭다.

예를 들면 이런 식이다. "이혼과 일부다처 중 어느 것이 더 무거운 죄인가?" 이런 질문을 주고 각기 자신들의 문화적 관점에서 설명하도록 한다. 그러자 "이혼이나 일부다처를 죄라고 할 수 있는가?"라는 질문이 제기되고 격렬한 토론이 벌어진다. 이 부분이 일단락되면 이 둘 중 어느 것이 더 무거운 죄(?) 또는 문제인가에 대해 이야기한다. 목회사역을 하고 있고 교단의 지도자인 우간다에서 온 학생은 확신에 찬 얼굴로 '이혼이 더 큰 문제'라 주장한다. 그러자 필리핀에서 온 여학생은 이해할 수 없다는 표정으로 '일부다처'가 더 큰 문제고 그것은 분명 죄라고 언성을 높인다. 구약성경의 여러 예들이 거론되고 서로 다른 문화에서 이 문제를 다루

11

는 다양한 관점들이 언급되지만 쉽게 결론에 이르지 못한다. 이혼이 더 심각한 죄라고 주장하던 에티오피아에서 온 학생이 말한다. 자기 지역에서는 이혼 경력이 있는 사람은 수십 년 동안 교인이었어도 묘비에 십자가를 새길 수 없다고 하면서 이혼 경력자의 장례식을 목사가 집례할 것인가도 쟁점이라고 말한다. 많은 경우 수업 중 토론은 이렇게 흘러간다.

하나님의 나라가 얼마나 다양하며 그것들을 담아내는 복음의 비밀은 얼마나 오묘한가? 수업을 하면서 선교지에서 내가 씨름했던 질문들을 되돌아보게 된다.

개종자들을 얻기 위해 어떻게 사람들에게 다가갈 것인가? 그들을 중심으로 어떤 교회를 세워야 무슬림 사회 복음화에 효과적일까?

그때는 가시적 성취에 대한 관심이 내 모든 생각을 지배하고 있었던 것 같다. 정해진 목표를 좇느라 하나님 나라의 흥미진진한 다양함을 즐길 여유가 없었던 것 같다.

수십 년 동안 다양한 쟁점들과 그와 연관된 토론들을 두루 섭렵하고 선교에 대해 넓은 조망을 세워 온 학자들의 혜안과 비교하면, 필자처럼 현장 중심으로 살아온 사람의 견해는 특정 상황에 갇혀 있을 수도 있다. 그러나 한편으로는 현장 경험을 토대로 선교학적 토론에 뛰어드는 필자 같은 성찰하는 실천가(reflective practitioner)의 관점도 선교학 발전을 위해서 필요하다. 선교학이 본질적으로 현장 지향적인 학문이라는 점을 고려할 때 더욱 그렇다.

본 책자는 현장 선교사들을 대상으로 한 토론에서 시작되었다. 2022년 필자가 속한 한국해외선교회(GMF)에서는 "팬데믹 이후의 선교"에 관한 선교포럼을 개최했다. 유사한 주제로 세미나가 이미 여러 곳에서 진행되고 있었기 때문에 우리는 팬데믹의 위기 극복이란 초점보다는 팬데믹 위기가 21세기 상황에 맞는 새로운 선교 패러다임의 전환의 기회가 될 것이라는 관점에서 토론을 준비했다. 특히 권성찬 GMF 대표는 학자들의 견해는 이미 많이 알려졌으니 우리 포럼은 현장 선교사들의 목소리를 담으면 좋겠다는 제안을 했다. 그에 따라 현장 선교사들과 본부 지도자들이 반반씩 논문을 준비해 총 9개의 논문을 발표했고 필자의 글도 그 중 하나였다.[1] 몇 달 후, 제8차 세계선교전략회의(NCOWE)[2] 위원회에서는 이 논문을 읽고, 대회의 주제 발표를 필자에게 요청했다. NCOWE에서 발표 후 여러 사람의 긍정적인 평가에 큰 격려를 받았고, 더 많은 독자들이 쉽게 이해할 수 있도록 하기 위해 짧은 논문을 발전시켜 책으로 내 놓게 되었다.

비록 작은 책자이기는 하지만 책을 집필하는 일은 쉽지 않은 일이며 부담스러운 일이기도 하다. 현재 필자가 사역본부장으로 섬기고 있는 글로벌리더십포커스(GLFocus)의 이태웅 원장의 격려나 홍현철 한국선교연구원(KRIM) 원장의 긍적적 평가가 이 장애물을 극복하는 데 큰 도움이 되었다. 아신대학교 AIGS 소속 대학원생들의 격려도 큰 힘이 되었다. 아시아, 아프리카의 다음 세대 지도 자들인 이들은 필자의 강의가 자신들의 선교 이해의 지평을 넓혀 주었다고 긍정적으로 평가하면서 수업에서 나눈 내용들을 책으로 정리하면 좋겠다고 격려해 주었다. 그들의 격려도 큰 힘이 되었다.

이 책은 서구의 선교학계에서 제기된 논의들을 우리 관점에서 재해석하고 이를 우리 상황에 적용하기 위한 논의가 필요한 시점 에서 쓴 것이다. 지난 세월 동안 한인 선교사들은 서구 교회가 세 운 선교 패러다임 안에서 선교운동에 참여했고 나름 잘 해 왔다. 그러나 서구가 고민하던 선교학적 쟁점들이나 패러다임 전환에 관 한 토론까지 챙기지는 못했다. 그 결과 서구 선교가 행했던 시행착 오를 반복하는 면이 있었고 변화하는 상황에 맞는 선교 패러다임 전환에 대한 토론이 부족했다.

80년대 이후 본격적으로 세계 선교운동에 뛰어든 한국 교회의 선교운동은 이제 40년 동안 열심히 달려왔다. 나름 경험도 쌓였 다. 전후방 선교현장에서 '성찰하는 실천가'로서 선교학적 안목을 갖춘 많은 베테랑 선교사들을 배출했다. 서구 교회가 주도하던 선 교운동을 비판적 고찰 없이 맹목적으로 따라가던 수준은 넘어섰 다. 이제 지난 세기 동안 세계 선교운동을 이끌던 서구 선교사들이 씨름했던 선교적 고민들을 공유하고 그들이 제시하는 미래의 방향 성에 대해 비판적 안목으로 평가하며 한국적 경험에 기초해 다음 세대 선교운동의 대안을 제시하는 데까지 나아가야 한다.

최근 21세기 상황에 맞는 새로운 선교 패러다임 논의가 진행되고 있다. 이 변화의 핵심은 세계 기독교의 새로운 중심으로 대두되고 있는 비서구 교회들을 포함하는 적절한 선교 모델을 세우는 것인데, 조금 일찍 피선교지 교회로서 선교운동에 깊이 참여한 한국 교회의 경험과 성찰이 도움이 될 수 있다. 여러 해 전, 중국 가정교회 선교 지도자와 만난 적이 있는데 그는 타문화 선교운동에 있어서 어느 정도 돌파를 경험한 한국 교회로부터 배우고 싶다고 했다. 우리의 시행착오와 돌파들을 비판적으로 성찰하고 이를 선교학적 논의 위에서 통합하는 것이 중요한 이유다. 한국 교회의 경험은 비서구 교회들과 함께 글로벌 차원의 새로운 선교 패러다임을 세워야 하는 21세기 선교운동을 위한 유용한 자원이 될 수 있다. 지난 몇 년 동안 아시아, 아프리카 출신 젊은 미래 지도자들과 공부하면서 필자가 몸으로 느낀 도전이기도 하다.

물론 지난 수백 년 동안 지배하던 서구적 선교 패러다임을 바꾸는 일은 쉽지 않은 도전이다. 어느 날 인도 출신 한 학생이 수업 중 물었다.

교수님은 서구 교회들이 쇠퇴하고 있고 21세기는 아시아, 남미, 아프리카 등 서구 밖의 교회들이 세계 선교를 주도할 것이라고 말씀하지만, 우리가 공부하는 책들, 논문들은 대부분 서구에서 나온 서구 학자들의 것이지 않습니까? 과연 우리가 다음 세대의 선교를 세우는 것이 현실적으로 가능할까요?

예리한 지적이다. 기독교 인구의 2/3 는 비서구 지역에 살고 있고 비서구 지역에서도 많은 학자들이 배출되고 있기는 하지만 선교학의 토론을 이끄는 학자들은 여전히 서구 학자들이기 때문이다. 그렇지만 필자는 분명하게 말했다.

> 아직 서구 학자들의 목소리가 더 크다는 것은 사실이지요. 그러나 기독교 무게 중심이 남반구(유럽과 북미주를 제외한 남쪽 지역) 다수세계 교회로 옮겨가고 있고 선교학 논의에서도 점점 비서구 학자들의 목소리가 더 커지는 것은 되돌릴 수 없는 흐름이라고 봐요. 선교학 논의를 이끌고 있는 서구 학자들 역시 이 점에 동의하고 있어요. 비서구 교회의 역할을 요청하는 21 세기 선교 현장은 서구와 비서구 출신 학자들이 함께 어우러지는 글로벌한 차원의 선교학을 지향하고 있다고 봐야 합니다.

이 책자를 통해 한국 교회 동역자들에게도 같은 말을 하고 싶다. 서구 선교운동이 갔던 길을 뒤따라가는 일은 지나간 시간으로 족하다. 지난 반세기 동안 진행된 우리의 선교를 평가하고 현장 사역 속에서 만났던 경험들을 비판적으로 성찰해야 할 때다. 그것을 바탕으로 우리 자신의 선교적 관점을 세워가야 한다. 그리고 그 결과를 가지고, 서구 교회와 비서구 교회들이 글로벌 차원에서 함께 논의하고 있는 새로운 선교 패러다임을 위한 더 넓은 토론의 장에 참여해야 한다. '세계화된 기독교' 상황은 우리에게 새로운 선교의 틀에 대한 고민을 요청하고 있다.

2024년 봄을 맞이하며, 목동 사무실에서

임태순

모르는 사이에
새로운 세계 속에 들어와 있다

키는 거의 2 미터에 가까웠고 얼굴은 할리우드 배우 같았다.

댄 홈버그(Dan Holmberg) 선교사는 내가 상상하던 선교사와 거리가 멀어 보였다. "사십에서 하나 감한 매를 다섯 번 맞았으며 세 번 태장으로 맞고 한 번 돌로 맞고 … 여러 번 자지 못하고 주리며 목마르고 춥고 헐벗었던" 바울의 비장한 분위기는 없었다. 귀티가 났고 옆집 청년처럼 늘 웃는 얼굴이었다.

한국선교훈련원(GMTC) 사역을 돕기 위해 한국으로 파송되어 온 댄은 내가 가까이 사귄 최초의 서양 선교사였다. 갓 결혼한 신혼이었고 아름다운 아내와 함께 한국에 와서 훈련원 스탭으로 2년 여 동안 함께 일했다. 비슷한 또래였던 우리는 쉽게 친해졌다. 댄은 선교사였고 나는 선교지 현지인이었다. 현지인으로서 선교사를 가까이서 지켜볼 수 있었던 특별한 기간이었다. 댄은 선교 훈련생들과 허물없이 어울렸는데 훈련생들은 가끔 짓궂은 장난을 했다. 반려동물에 대한 인식이 없던 30년 전에 훈련생들 중 보신탕을 먹는 사람들이 있었는데, 보신탕을 먹자고 하면 내키지 않지만 내색하지 않고 따라 나섰다. 평생 벗은 몸을 남에게 보여준 적이 없었을 텐데 대중 목욕탕에 가자고 해도 불평하지 않고 동행했다. "보신탕은 나도 못 먹어. 개는 사람의 친구인데 어떻게 친구를 잡아먹냐? 못 먹는다고 해." 이렇게 말해줘도, 혹시 거절하면 선교사로서 현지 문화를 존중하지 않는 것으로 비춰질까 조심스러워했다. 자신을 낮춰 한국인처럼 행동하려 노력했다. 여러 해 뒤 선교사로서 나도 태국에서 비슷한 상황에 처한 적이 있다. 주일 예배 후 청년 하나가 시골 다녀오면서 개구리 튀긴 것을 가져왔는데 먹으라고 내미는 것이 아닌가. 교인들은 내가 잘 먹는지 지켜보고 있었다. 시커먼 개구리 몸뚱어리 전체를 그대로 튀긴 것이었는데 너무 징그러웠지만 선교사로서 현지 문화를 존중하는 마음으로 군소리 없이 맛있게(?) 먹었다. 선교훈련생들에게 떠밀려 보신탕을 먹으러 나서던 댄의 모습이 떠올라 나도 모르게 픽 웃었다.

댄은 외로워하는 아내를 위해 가끔 우리를 초청해 우노(Uno)라는 카드 놀이도 하고 젠가(Jenga, 나무 블럭을 탑처럼 쌓은 뒤 무너질 때까지 블록을 하나씩 빼는 게임)도 했다. 선교사가 게임을 해도 되나 하는 생각이 들기도 했지만 그 시절 정말 즐거웠다. 이때 경험은 우리 아이들 키울 때 귀중한 자산이 되었다. 댄과 하던 게임들을 자녀들과 하면서 그나마 아이들하고 즐거운 추억을 만들 수 있었다. 댄은 한국에서의 사역과 삶을 좋아했지만 그의 아내는 열악한 환경, 고립 때문에 힘들어 했고 결국 첫 임기를 마치고 미국으로 돌아갔다. 댄은 나에게 선교사에 대한 소중한 추억을 남긴 선교사였다. 그 전에는 서양 사람 근처에만 가도 왠지 모르게 주눅이 들고는 했었는데 서양 사람과 친구가 될 수 있다는 자신감을 갖게 해 주었다.

몇 년 뒤 이제 우리 가정이 선교사로 가야 할 순간이 되었다. 파송을 받고 필리핀에서 1년 단기 사역을 했고 1996년 드디어 오랫동안 기도하던 태국에 선교사로 가게 되었다. 선교훈련 때 첫 3-6개월은 허니문 기간을 보낼 것이고 그 이후 2년 가까이 문화 충격을 겪으며 힘든 시간을 보낼 것이라 배웠는데 우리 부부도 예외가 될 수 없었다. 1년 반이 되었을 때 무슬림 마을로 들어가 살게 되면서 문화충격의 기간이 훨씬 더 길어지기는 했지만 그 기간을 지나자 조금씩 태국 생활을 즐길 수 있게 되었다. 선교사로서 문화, 음식, 기후 등 태국의 모든 것을 사랑하려고 노력했다. 개구리 튀긴 것도 먹고 바퀴벌레나 구더기 비슷한 볶은 벌레도 먹었다. 좋은 선교사가 되려고 기꺼이 그리고 즐겁게 감당했다. 어느 순간

댄 선교사가 서 있던 그 자리에 내가 서 있었다.

여러 해가 지나 2013년, 본부 대표로 선출되어 다시 국내로 돌아왔다. 내 정체성은 여전히 선교사였지만 동시에 고국에 돌아온 현지인이기도 했다. 한국에 돌아온 얼마 뒤 우리보다 2-3년 먼저 한국에 선교사로 파송되어 사역하고 있던 마놉 선교사 부부가 "태국 음식을 대접하고 싶다"고 우리 부부를 자신들의 집으로 초청했다. 똠얌꿍, 쏨땀 등 한국에서 맛보기 힘든 진짜 태국음식을 먹으며 행복한 시간을 보냈다. 마놉 선교사 부부는 우리와 특별한 관계였다. 방콕에서 여러 해 동안 대학 캠퍼스 전도 사역을 함께 했고 신학교 다니던 전도사 시절 그가 담당하는 교회 구역 예배를 우리 집에서 드리기도 했다. 한 번은 마놉 전도사가 구역예배 도중 내게 감동을 받은 일이 있다고 했다. 우리 집 거실을 사용하도록 장소를 빌려준 것밖에 없는데 뭘까 궁금했다. 당시 내가 접했던 태국 사람들은 집 현관에 들어설 때 신발을 휙 벗어 던진다. 현관에 신발들이 어지럽게 흩어져 있는 경우가 대부분이다. 나는 습관대로 가끔 현관에 어지럽게 흐트러진 신발들을 가지런하게 정리하고는 했는데 그걸 보고 감동받았다는 것이었다. 한국 사람에겐 그리 특별한 일도 아닌데, 마놉 전도사는 꽤 인상적이었던 모양이다. 선교사로서 귀한 섬김의 본을 보여줘 고맙다고 했다. 마놉 선교사 부인인 잉 사모는 우리가 섬기던 교회 청년이었고 마침 전공이 태국어였기 때문에 언어 튜터로서 꽤 오랫동안 우리 부부를 도왔다. 10년 넘게 태국에서 선교사와 현지인으로서 교제하고 동역했었는데 이

제 그 자리가 뒤바뀌었다. 우리 부부는 현지인으로, 마놉 목사 부부는 선교사로 한국에서 다시 만난 것이다.

짧은 선교 여정 속에서 필자는 현지인, 선교사, 그리고 선교사이면서 현지인으로 여러 정체성을 오갔다. 좀더 자세히 들여다보면 정체성의 이동은 훨씬 다양하고 복잡하다. 나의 이 작은 경험은 21세기 선교 상황을 상징적으로 보여준다. 선교본부와 선교지, 선교사와 현지인, 돕는 자와 섬김을 받는 자 ⋯ 선교의 흐름은 수시로 바뀐다. 그 과정을 통해 하나님은 다양한 모양으로 새로운 선교의 틀을 세우고 계신다.

우리가 살고 있는 21세기 선교 상황은 20세기의 상황과 다르다. 선교사 파송국가와 피선교지를 구분하는 경계선이 모호해지고 있다. 한때 선교의 중심이었던 유럽은 재복음화가 필요한 선교지로 바뀌고 있다. 피선교지였던 태국 교회는 또 다른 선교의 중심으로 변하고 있다. 태국만이 아니다. 이는 아프리카, 아시아, 남미의 많은 지역에서 일어나고 있는 일이다. 우리는 '모든 곳에서 모든 곳으로' 복음과 선교가 흘러가는 새로운 시대를 살고 있다.

21세기의 선교현장은 기존의 고정관념들이 무너지고 새로운 선교 패러다임을 세워야 하는 도전으로 가득하다. 여기서는 몇 가지 질문을 중심으로 우리가 직면하고 있는 과제가 무엇인지 그 윤곽을 그려볼까 한다. 아래의 질문들이 도움이 될 것이다.

선교, 누구의 책무인가?

20세기 후반 이후 선교운동은 엄청난 변화의 과정을 지나고 있다. 미국에서 한국으로 온 댄 홈버그 선교사, 한국에서 태국으로 건너간 필자, 그리고 태국에서 한국으로 건너온 마놉 선교사. 선교는 결코 한쪽 방향으로 흐르지 않는다. 바람이 임의로 불 듯 이곳에서 저곳으로, 또 저곳에서 이곳으로 하나님의 움직이심을 따라 이리저리 흘러간다. 이 점에서 21세기 선교운동은 세계화된 오늘날의 세속 사회와 유사하다. 미국기업인 애플사의 핸드폰은 메이드 인 차이나이고 삼성전자의 반도체는 베트남에서 생산된다. 영국의 국민차라 할 수 있는 미니(Mini)는 독일 기업 BMW의 소유다. 우리는 이전에 가지고 있던 고정관념을 벗지 못하면 이내 방향감각을 잃게 되는 시대를 살고 있다.

오랫동안 기독교에 대한 잘못된 고정관념이 있었다. 기독교는 서양의 종교라는 편견이다. 4세기 말 기독교가 로마 제국의 국가종교가 된 이후 기독교가 유럽에서 꽃을 피웠기 때문에 당연하다 할 수 있지만 이 생각은 진실과 거리가 멀다. 유럽에서 꽃피우기 전에 기독교는 중동의 팔레스타인 지역에서 시작되었고 꽤 오랜 기간 동안 북아프리카와 중동이 기독교의 중심지였다. 신대륙이 발견된 이후에는 선교와 이주의 결과로 아메리카 대륙에도 많은 수의 기독교인이 존재했고 아시아, 아프리카 지역에도 기독교 인구가 늘어나고 있었다. 기독교는 오래 전부터 글로벌한 종교였다.

한편 타문화 선교운동이 서구 교회의 몫이라는 생각도 잘못된 고정관념이다. 근대 선교운동 기간 동안 타문화 선교는 서구 교회의 사명이라는 생각이 지배적이었지만, 실제 세계복음화 열매는 선교사와 현지인 사역자들이 함께 수고한 결과였다. 최근 비서구 선교운동이 확산되면서 이 편견은 더 이상 설 자리를 잃고 있다. 근대 선교운동을 이끌던 서구 유럽 교회는 오히려 급격히 붕괴의 조짐을 보이고 있고 반대로 예전의 선교지였던 비서구(다수세계)의 기독교는 빠르게 성장하고 있기 때문이다. 교회의 규모나 파송한 타문화 선교사 숫자로만 보면 기독교 선교의 무게중심은 이미 비서구 지역으로 옮겨졌다고 봐야 한다.

오늘날 기독교의 가장 두드러진 특징은 교회가 역사상 그 어느 때보다도 많은 족속과 나라, 백성과 방언에서 나온 그 누구도 셀 수 없는 큰 무리로 구성되었다는 점이다(계 5:9; 7:9). 21 세기의 세계화된 기독교는 전 세계 모든 곳에 세워진 교회가 함께 어우러지면서 만들어지는 종교다. 기독교 선교운동이나 신학에 대한 연구는 언제나 다수의 그리스도인들이 살고 있는 지역을 중심으로 번성해 왔는데 그렇다면 21 세기 기독교는 전 세계 모든 곳에 흩어져 있는 교회들 모두를 대변해야 한다. 특히 21 세기 선교운동의 미래를 알려면 서구 밖 다수세계 지역의 기독교를 주목할 필요가 있다. 기독교 인구의 무게 중심이 이미 비서구 지역으로 옮겨졌으며, 선교운동 역시 비서구 교회들의 영향력이 커지고 있기 때문이다. 여러 통계 수치는 비서구 지역 교회들이 자국 밖, 해외로 파송한 선교사의 수가 가파르게 상승하고 있음을 보여준다. 자국내 타문화 선교사 수를 포함한다면 비서구 지역 출신 타문화 선교사의 수는 서구의 선교사 수를 훨씬 앞지르고 있다.

> 교회의 서로 다른 모습들과 그것이 만들어내는 역사는 다양한 신학의 출발점으로 이어지고 다양한 신앙적 경험으로 나타나고 있다. 기독교 역사와 신학에 대한 연구는 언제나 대부분의 그리스도인들이 살고 있는 위치에서 진행되어야 하는데, 이는 이들 연구의 출발점이 점점 더 아프리카, 아시아, 라틴 아메리카 및 태평양의 섬이 될 것을 의미한다. 새로운 관점으로 성경을 읽고 그들의 신학적 성찰을 공유하는 것은 모두에게 유익이 되겠지만, 특히 질식사하기 직전인 서구의 기독교가 가장 많은 유익을 얻게 될 것이다(Walls 2016, 698).

세계 선교운동을 서구 교회가 주도하던 시절은 과거가 되고 있다. 오히려 유럽은 급격하게 선교지로 변모하고 있다. 한때 서구 교회들은 자신들이 일군 유럽의 기독교 왕국(Christendom)이 가장 이상적인 사회라고 믿었다. 이들은 복음과 서구 기독교 문명을 전 세계로 퍼뜨리는 것이 자신들의 운명적 책무라고 생각했고 이 사명감이 근대 선교운동을 이끈 동인 중 하나였다. 그러나 교회의 영향력이 급격하게 감소하는 상황을 겪으면서 서구 교회들은 이것이 얼마나 오만한 생각인지 깨닫고 있다. 이제는 전 세계 모든 교회들이 모여 함께 세계복음화의 남은 과업을 어떻게 감당할지 논의해야 하는 시대가 되었다.

교회개척인가? 피조세계의 회복인가?

20 세기 선교운동을 관통하는 토론 중 가장 뜨거웠던 주제는 단연 '하나님의 선교'(*missio Dei*)였다. 아마 21 세기 선교운동의 방향을 규정하는 가장 큰 쟁점도 '하나님의 선교'가 아닐까 싶다. 이 주제는 뒤에 좀더 자세히 다룰 것이므로 여기서는 왜 이 주제가 주목을 받게 되었는지에 대해서만 간단하게 이야기해 볼까 한다.

강조점이란 면에서 근대 선교운동은 크게 세 단계로 발전해 왔다. **영혼구원, 교회개척 및 기독교 확산** 그리고 **피조세계 전반의 회복을 위한 하나님의 선교** 등이다. 먼저, 경건주의 운동이나 윌리엄 캐리 등 근대 선교운동의 초기에는 영혼구원이 최우선 과제였다. 복음 전파를 통해 영원한 심판 가운데 떨어지는 영혼들을 구원하는 것이 가장 시급한 관심사였다. 그런데 개종자들이 늘어나고 선교지에 자연스럽게 교회들이 세워지면서 서구의 기독교를 어떻게 선교지에 이식할 것인가로 관심이 확장되었다. 교회개척, 서구 기독교의 확산과 함께 서구의 앞선 기독교 문명을 퍼뜨리는 것이 선교의 초점이 되었다. 이 흐름은 20 세기 중반까지 계속되었다. 근대 선교운동은 성공의 지표를 선교지에 얼마나 많은 교회들이 세워졌으며 얼마나 많은 사람들이 기독교로 개종했는가에 두고 있었다. 스스로 설 수 있는 교회들이 많이 세워지면 하나님의 나라는 자동적으로 임할 것이라 전제했고 아무도 이 전제에 대해 의문을 제기하지 않았다.

그런데 20세기 후반에 들어서면서 교회 중심적 선교 이해는 심각한 도전에 직면한다.

교회를 세우고 기독교를 확산하는 것으로 충분한가? 교회로 가득 채워지면 정말 하나님의 나라가 성취될 수 있는가?

하지만 역사적 경험들은 교회 중심적 선교관에 대해 긍정적 답을 주지 못했다. 사회 구성원 대부분이 기독교인이 되어 기독교 국가가 되었음에도 하나님의 나라와는 거리가 멀었던 경우가 많았다. 교회 내에 늘 분쟁과 다툼이 존재해 왔고 분열로 인한 잔혹한 전쟁이 기독교 역사 내내 점철되어 왔다.[1] 이 딜레마는 선교에 대한 다른 관점을 요구했는데, '하나님의 선교' 즉 오이쿠메네(*oikouménē*, 하나님의 피조세계 전체)의 회복으로서의 선교 이해가 대두된 배경이다.

이 질문은 20세기 중반 들어 더 심각하게 다가왔다. 제1, 2차 세계대전 때문이었다. 이 전쟁은 전 세계 모든 지역 군인들이 참여한 거대한 전쟁이었다. 당연히 다수의 식민지 출신 그리스도인들도 이 전쟁에 참여했다. 그런데 이들은 유럽의 기독교 문명의 실상을 보면서 충격에 빠졌다. 서구의 기독교가 가장 이상적 기독교이고 그 모습을 닮아가는 것이 답이라 믿었던 이들이 전쟁 중 경험한 유럽은 그들이 그리던 모습과 거리가 멀었기 때문이다. 서구 사회의 대부분의 구성원들은 그리스도인들이었고 사회의 모든 영역은 기독교적 가치관에 의해 지배되는 듯했지만, 그 안에 하나님의 나라의 이상적 모습은 없었다. 잔혹한 살육과 도덕적 부패가 가득했다. 종교개혁의 중심지였고 아름다운 신학을 발전시킨 독일 교회가 수백 만 유대인을 단지 유대인이라는 이유로 학살한 홀로코스트의 지지자였다는 사실은 충격 그 자체였다.

이런 상황 속에서 제 2 차 세계대전이 끝난 뒤 "모든 사회 구성원이 교회의 멤버가 되는 것이 과연 선교운동의 최종 목적지인가?" 라는 질문이 제기된 것은 자연스런 귀결이었다. 비서구 교회 지도자들뿐 아니라 서구 교회 지도자들 안에서도 동일한 자성의 목소리가 있었다.[2] "교회를 세우고 서구적 기독교 세계를 전 세계에 확산시켰던 근대 선교운동은 과연 하나님이 원하시던 선교가 맞는가?", "하나님이 원하시는 선교의 본질은 무엇인가?" 이러한 질문들은 하나님의 관심이 교회로 가득한 사회가 아니라 하나님이 창조하신 피조세계 전체(오이쿠메네)가 원래 하나님이 의도하신 목적대로 회복되는 데 있음을 생각하도록 한다.

안타깝게도 이러한 주장은 이후 극단적인 사회참여 논리로 변질되면서 복음증거와 교회개척을 밀어내는 요인이 되었다. 이런 상황은 후에 선교운동이 복음주의 진영과 에큐메니컬 진영으로 분리되는 주요 배경이 된다. 1950 년대 제기된 이 질문은 반세기가 지난 21 세기 상황에서도 여전히 중요한 선교학적 질문이 되고 있다. 이 부분은 뒤에 좀 더 다루도록 하겠다.

복음, 번역 가능한가?

예수 믿게 되면서 필자가 고민한 질문이 있었다. "기독교는 서양종교인가?" 예수 믿기 전 필자는 예수 믿는 친구들을 "서양 종교를 믿는 배신자"라는 말로 놀리고는 했기 때문에 내가 예수쟁이가되자 이 질문은 곧 나의 문제가 되었다. 내가 믿기로 한 하나님은 모든 문화를 초월하는 분이니 그분을 믿는 기독교 신앙도 당연히 특정 문화권의 종교일 수 없다.

> 모든 문화를 초월해 존재하는 하나님이라면 굳이 서양이라는
> 틀에 제한될 수 없다. 한국인으로서 한국적 문화적 틀을 유지
> 하면서 동시에 그리스도인의 정체성을 가질 수 있지 않을까?

서구적 틀을 벗고 한국적 토양 위에서 복음을 새롭게 이해하려는 시도는 자연스러운 과정이다. 어느 문화권의 신자도 자신이 믿는 기독교 신앙을 서양 종교라 생각하고 싶지 않을 것이다. 로마에 있는 교회를 향해 외친 바울의 선언도 이를 지지한다.

> 하나님은 다만 유대인의 하나님이시냐 또한 이방인의 하나님
> 은 아니시냐 진실로 이방인의 하나님도 되시느니라(롬 3:29).

유대인의 하나님은 동시에 이방인의 하나님도 되신다. 당연히 하나님의 복음은 이방인들이 알아들을 수 있도록 그들의 언어로

번역되어야 한다. 복음은 모든 문화로 번역 가능하다. 그렇다면 '복음의 번역 가능성'은 무엇이며 이는 21세기 선교 패러다임 형성에서 어떤 의미를 갖는가?

먼저 복음의 번역 가능성은 하나님의 창조원리에서 기인한다. 하나님은 세상을 모자이크처럼 다양한 색깔과 모양으로 창조하셨다. 이는 창세기의 기록을 통해 확인된다.

> 하나님이 이르시되 땅은 생물을 그 종류대로 내되 가축과 기는 것과 땅의 짐승을 종류대로 내라 하시니 그대로 되니라 하나님이 땅의 짐승을 그 종류대로, 가축을 그 종류대로, 땅에 기는 모든 것을 그 종류대로 만드시니 하나님이 보시기에 좋았더라(창 1:24-25).

짧은 두 구절 속에 "종류대로"라는 말이 다섯 번이나 반복된다. 하나님은 종류대로 만들어진 세상을 보시고 "좋았다"라고 말씀한다. 하나님은 종류대로 되는 것을 좋아하신다.

이 원리는 하나님의 선교를 참여하는 백성들의 공동체에도 적용된다. 요한계시록 7:9은 하나님이 각자 고유의 문화를 유지한 채 하나님의 선교에 참여하는 백성들을 기뻐하신다는 사실을 보여준다.

> 이 일 후에 내가 보니 각 나라와 족속과 백성과 방언에서 아무

도 능히 셀 수 없는 큰 무리가 나와 흰 옷을 입고 손에 종려 가지를 들고 보좌 앞과 어린 양 앞에 서서(계 7:9).

보좌 앞에 모인 백성 공동체는 다양한 나라, 족속, 백성, 그리고 방언에서 왔고 그들은 마지막 날에도 그들의 고유한 특성을 유지하고 있었다. 종류대로 만드신 창조의 속성과 마지막 날 공동체의 모습은, 주님의 재림 전까지 하나님의 선교에 참여하는 공동체가 어떠해야 함을 암시한다. 다양해야 하며, 이는 복음의 번역 가능성 때문에 가능하다.

복음의 번역 가능성은 예루살렘에서 시작된 초기 기독교가 이스라엘 또는 유대 문화라는 틀 안에 갇힐 수 없는 이유다. 새로운 문화로 넘어갈 때마다 복음은 새로운 문화의 옷을 입게 되고 새로운 정체성을 가진 교회 공동체로 구체화된다.

세계화된 기독교, 누구의 기독교인가?

세계화된 21 세기의 기독교는 더 이상 서양 종교의 확장판이 아니다. 내부적으로 무너지고 있는 서구 교회는 더 이상 기독교의 중심도 아니며 이들이 세운 신학과 교회의 전통과 정체성이 기독교의 보편적 기준이 될 수도 없다. 그렇다면 다음과 같은 질문이 제기될 수 있다.

서구 기독교가 답이 아니라면, 21 세기의 기독교는 누구의 기독교인가? 세계화된 기독교가 직면하고 있는 다양한 쟁점들은 누가 해석하고 어떻게 해결할 것인가? 다양한 모습의 교회들이 어떻게 하나됨을 유지할 수 있을 것인가?

이 질문들에 대한 답은 새롭게 제기되고 있는 '세계 기독교' 안에서 찾아야 한다. 오늘날의 세계화된 기독교는 서구 교회를 포함해 전 세계의 모든 교회들이 주인이 되는 기독교이다. 그러므로 제기되는 모든 문제들은 전 세계 모든 교회들이 함께 해석학적 공동체를 만들고 그 안에서 함께 논의하면서 해결해야 한다. 21세기 세계화된 기독교는 전혀 새로운 생태계를 지향하고 있다.

앞에서 필자는 몇 가지 질문을 중심으로 세계화된 21세기 기독교 선교가 직면하고 있는 도전들을 살펴봤다. 과연 이 도전들을 담아낼 21세기의 선교 패러다임을 세우는 것이 가능할까? 아직 확실치는 않다. 그러나 한 가지는 분명하다. 우리는 이미 21세기의 새로운 선교적 상황 속에 들어와 있다는 것이다. 본 책자는 이 질문들을 좀 더 구체적으로 살펴보고 몇 개의 핵심 개념을 중심으로 21세기 선교의 새로운 흐름을 이해하고 미래의 방향성을 가늠해 봄으로써 새로운 선교 패러다임 정립에 힘을 보태고자 한다.

1부

선교 패러다임 전환의
배경

현장은
이미 바뀌고 있었다

시작부터 사역 대상 공동체 안에 살아야 한다. 가능하면 대중교통을 이용하고 자동차는 언어공부를 마치는 2 년 이후에 구입한다. 언어 공부의 진보를 위해 가능하면 한국말을 쓰는 상황과 거리를 둔다. 가난한 무슬림들과 어울리기 위해 아이들 교육은 홈스쿨링을 한다. 아무리 더워도 에어컨 설치는 자제한다.…

초기 현지 적응을 위해 세운 몇 가지 원칙들이다. 그만큼 태국 문화에 빨리 스며들고 싶었다. 그런데 이 원칙들을 현장에서 온전히 적용하는 것이 쉽지 않았다. 적용하기에는 선교지 상황이 너무 변해 있었기 때문이다. 태국 사회 자체가 빨리 변하고 있었고 가난한 무슬림 마을이었지만 그 안에 살고 있는 무슬림들의 삶의 형태도 너무나 다양했다. 어디에 기준을 맞춰야 할지 헷갈리는 부분이 하나 둘이 아니었다. 사역과 관련해서도 마찬가지였다. 선교 패러다임은 거대한 변화 중에 있었고 선교에 참여하는 주체들도 빠르게 변하고 있었다. 선교학 책으로 배운 것과는 사뭇 다른 선교현장을 대하면서 선교를 새롭게 배워야 했다.

무너지는 고정관념

우리 가정은 방콕을 중심한 중부 태국 무슬림들을 위해 파송된 첫 선교사였다. 사역을 위한 첫 과제 중 하나는 중부 태국 무슬림 공동체의 상황 파악이었다.[1] 중부 태국에 백만이 넘는 말레이계 무슬림들이 살고 있는 것으로 알려져 있었지만 그들이 어느 지역에 어떤 모습으로 살고 있는지 아는 사람이 아무도 없었다. 무슬림 사역이란 점에서 중부 태국은 아직 불모지였고 알려진 정보도 거의 없었다. 몇 년 뒤 서양 선교단체 팀이 들어와 함께 사역할 예정이었지만 초기 몇 년 동안 이 지역 무슬림을 위한 선교사는 우리 가정뿐이었다.

그런데 아니었다. 하나님은 우리보다 앞서 이미 이곳에서 일하고 계셨고, 생각지도 못한 사람들을 불러 이곳 무슬림들을 향한 복음의 문을 열고 계셨다. 98년 방콕 아시안게임을 전후해 입국이 편해진 틈을 타 이란으로부터 수백 명이 넘는 무슬림 배경의 개종 자들이 방콕으로 들어왔다. 이들은 방콕 여러 곳에 흩어져 교회로 모이고 있었고 이란에서 온 사람들 대상이긴 했지만 복음 전도에 도 열심이었다. 초기 몇 년 동안 함께 무슬림 사역에 동역했던 압 둘(가명) 형제도 그 중 하나였다. 그는 고등학교에서 영어와 꾸란을 가르치는 선생이었는데 이란-이라크 전쟁 당시 군 복무 중 예수님 을 만났고 신앙 때문에 방콕으로 도망 온 형제였다. 스스로도 불안 정한 상황이었지만 압둘 형제는 열정적으로 복음을 전했다. 누구 보다 훌륭한 무슬림 사역 선교사였고 우리는 여러 해 동안 중부 태국 무슬림 사역 개척을 위해 함께 일했다. 이란에서 온 꾸란 선 생이 믿는 자가 되어 태국 땅에서 한국인 선교사와 함께 태국 무슬 림을 위해 사역하게 될 줄 누가 상상이나 했겠는가! 하나님은 우리 의 상상을 초월해 일하신다. 하나님이 앞서 선교에 대한 기존의 틀을 깨뜨리고 계셨다. 기존의 선교학 교과서로는 설명하기 힘든 일들이 현장에서 진행되고 있었다.

한편 선교 대상으로만 여겼던 필리핀 출신 선교사 가정과도 함 께 협력했다. C&MA(우리나라의 성결교와 유사) 소속 선교사였는데 우 리 마을 입구에 살고 있었다. 마침 우리가 사용하려는 교재로 홈스 쿨을 하고 있어 쉽게 가까워졌다. 캠퍼스 전도 사역도 같이 하고 자주 서로의 집을 방문해 식사도 했다. 필리핀 사람 특유의 유머가 있는 즐거운 가정이었다. 또 다른 필리핀 부부는 자비량 선교사였는데 내가 졸업한 신학교 출신이라 가깝게 지냈고 사역 초기 좋은 동역자로 함께 했다.

1997년 10월, 언어공부를 중단하고 한 달 정도 태국 남부를 방문하게 되었는데 그곳에서도 선교의 모습이 빠르게 바뀌고 있었다. 국제단체의 사역팀과 함께 중부 태국 무슬림을 위해 사역할 예정이었기 때문에, 태국 남부에서 열린 그 단체의 필드 연례회의에 참여하게 된 것이다. 사역이 활발하게 진행되고 있는 남부의 무슬림 사역들을 돌아볼 수 있는 좋은 기회였다. 서양 단체의 문화를 잘 모르는 우리 부부는 꽤 긴장했던 것 같다. "서양 사람들 속에서 잘 지낼 수 있을까?" 인도네시아 북부와 말레이시아에서 사역하는 사람들까지 꽤 많은 선교사들이 참석했는데 이 회의에서 놀란 것이 하나 있었다. 이미 상당수의 아시아, 아프리카 출신 선교사가 함께 하고 있다는 것이었다. 당시 무슬림 사역 팀의 지도자는 남아프리카 공화국 출신이었는데 그는 검은 피부를 가진 아프리카계 혼혈이었다. 그 외에도 싱가포르, 인도네시아, 태국, 필리핀 출신 선교사들이 함께 하고 있었다. 이 기간 동안 태국 남부에서 사역하는 또 다른 국제단체였던 F 선교회 지도자를 방문했는데 그는 중국계 말레이시아인이었고 그 팀 구성원 대부분은 아시아인들이었다. '선교사는 서구인'이라는 고정관념이 깨어지고 있었다. 비서구인들이 리더 역할을 하고 있었고 동서양 구별 없이 한 팀이 되어 사역하고 있었다. 한국인인 우리 가정의 합류도 서구 중심이던 기존의 선교 패러다임이 바뀌고 있음을 보여주는 또 다른 사례였다.

태국 청년의 눈물

2013년 본부 대표로 선임되어 귀국한 이후의 경험도 21세기 선교 패러다임의 변화를 보여주는 좋은 예가 될 것 같다. 태국을 떠나기 전 몇 년 동안 태국 교회 지도자들로 구성된 태국선교동역회(Sanha-Missionary Thai)의 이슬람 사역 분과 위원으로 섬길 기회가 있었다. 태국 선교운동의 지도자 중 한 명인 나린(Narin Sritandon) 선교사와 함께 태국 교회가 무슬림 선교에 참여하도록 도전하고 동원하는 일을 도왔다. 나린 선교사는 태국 명문대를 졸업하고 국제 선교단체 소속으로 캄보디아에 파송되어 탁월하게 사역을 감당했고 귀국해 태국 교회의 선교운동을 이끌고 있었다. 나린 선교사는 태국 교회가 선교적인 교회로 바뀌어야 한다는 신념을 갖고 있었다. 그의 헌신으로 실제 여러 영역에서 선교적 변화가 진행되었고 무슬림 선교도 그중 하나였다.

국내로 돌아와 본부 일로 분주하던 2015년 어느 날, 나린 선교사로부터 연락을 받았다. 태국에서 열린 청년 선교집회에서 많은 청년들이 선교에 헌신했는데 이중 한 팀이 한국에 단기선교로 방문하기 원한다는 것이었다. 한국 내 태국인 교회들 모임을 돕고 동시에 한국의 지역교회가 어떻게 선교에 참여하는지 배우고 싶다고 했다. 기쁘게 이들의 한국 일정을 돕기로 했다. 한동대도 방문하고 선교에 열심인 몇 교회들을 방문해 그들의 선교정책에 대해 듣기도 했다. 필자가 소속한 GMF를 포함해 국내 선교단체들도 방문했고 선교사 훈련기관들도 둘러보았다.

마지막 일정으로 휴전선 근처 통일전망대를 방문하게 되었다. 북한을 위해 기도하고 싶다고 해서였다. 그런데 통일 전망대를 방문했을 때 단기팀 일원이었던 20대 후반의 태국인 청년이 북한 땅을 바라보면서 눈물을 흘리는 것이 아닌가! 깜짝 놀랐다. 마지막 날 전체 일정을 정리하는 모임을 하면서 형제의 간증을 들을 수 있었다. 여러 해 전에 그는 북한에 대한 다큐멘터리를 보면서 북한 선교의 소명을 받았다고 한다. 그 소명 때문에 박사 학위 공부를 하게 되었고 최근 학위 과정을 마쳤다. 지금은 평양에 교수로 들어가서 그곳 젊은이들을 가르치면서 복음을 전하는 꿈을 꾸고 있다고 했다. 그런데 북한 땅을 직접 보니 자기도 모르게 감정이 복받쳐 올라왔다는 것이다. 태국은 우리가 선교해야 하는 대상으로만 생각하고 있었는데 그날 주님은 내 고정관념을 깨뜨리셨다. 북한에 있는 우리 민족을 위해 하나님은 태국 형제를 부르고 계셨다. 태국 교회는 더 이상 선교의 대상에만 머물러 있지 않다. 땅끝까지 복음을 전하는 사명 완수를 위해 함께 해야 하는 선교 동역자로 변하고 있었다.

주님은 끊임없이 우리의 고정관념을 깨뜨리며 우리의 좁은 지평선 너머 펼치시는 하나님의 놀라운 선교를 바라보라 도전하신다. 위에서 언급한 것들은 필자만 겪은 예외적 사건이 아니다. 21세기 선교현장에 참여하는 대부분의 선교사들이 공감하는 변화들이다. 우리는 하나님의 선교에 초청을 받아 그분의 선교에 동참하는 존재들이다. 하나님의 지평은 우리의 상상을 뛰어넘는 수준으로 빠르게 확대되고 있다. 21 세기 세상 가운데 주님은 지금도 새로운 사역의 장을 여시고 아직도 예수 그리스도의 복음을 듣지 못한 영혼들을 위해 우리의 제한된 생각을 내려놓고 하나님이 그리는 새로운 선교 패러다임 안으로 들어오라 초청하신다.

초기 기독교에서
길을 찾다

패러다임이 빠르게 전환되는 기간에는 혼란을 경험하게 되고 자칫 방향감각을 잃기 쉽다. 필자가 선교지에 도착한 20 세기 말의 상황이 그랬다. 모든 것이 빠르게 변화하고 있었지만, 이 변화를 읽어낼 수 있는 관점은 아직 마련되지 못했다. 선교 패러다임이 전환되는 경계선 위에 서 있었던 것이다. 그렇다면 이 혼란한 시기를 이끌어 줄 지침을 어디서 찾아야 할까? 21 세기 선교를 위한 새로운 패러다임은 초기 기독교에서 찾아야 한다는 목소리가 많다. 초기 기독교의 모습에 숨겨진 선교 패러다임에서 21 세기 선교상황을 담아낼 지혜를 찾아야 한다는 주장이다.

대표적인 학자가 **앤드류 월스**(Andrew Wallls)다. 그는 21 세기 선교상황은 초기 기독교와 유사하다고 말한다. 여러 면에서 21 세기 선교 패러다임은 초기 기독교 선교의 부활이 될 것이다(Walls 2017, 3-17). '위대한 세기' 동안의 기독교 선교는 기독교 국가 권력의 비호와 지원 아래 진행되어 온 것에 반해, 비서구 지역의 교회들이 주도하게 될 21 세기 선교는 정치적 억압, 적대감, 경제적 빈약함 속에서 진행될 것이기 때문이다. 비서구 교회 출신 선교사들이 주도하게 될 미래의 선교 상황은 로마 제국의 정치적 박해 속에서 성장한 초기 기독교가 선교하던 상황과 유사할 가능성이 높다.

21 세기 선교운동이 직면하고 있는 도전에 대한 답을 초기 기독교에서 찾아야 한다고 주장한 또 다른 선교 지도자는 아프리카 가나 출신 학자인 **라민 사네**(Lamin Sanneh)다. 그는 기독교 출범 초기에 진행된 선교운동과 문화를 넘어가면서 발생한 기독교적 정체성의 전환 과정을 분석하면서, 이를 설명할 개념으로서 '번역'이란 단어를 찾아냈다. 이 번역 패러다임은 초기 기독교를 설명하는 틀이면서 동시에 근대 선교운동을 분석하고 더 나아가서 21 세기 선교운동이 가야할 방향성의 토대가 된다. 21 세기 선교 패러다임의 핵심 중 하나인 '번역 가능한 복음'의 발견이 초기 기독교에서 진행되었던 패러다임 전환 과정의 재발견이라는 사실이 흥미롭다. 사네는 그의 책 『선교신학의 이해』(*Translating the Message*, 1989)에서 설득력 있게 이 점을 설명하고 있다.

가톨릭 선교학자인 **스티븐 베반스**(Stephen B. Bevans)도 초기 기독교가 직면했던 도전들을 중심으로 오늘날 진행되고 있는 선교를 설명한다. 자신의 책 『예언자적 대화의 선교』(*Constants in Context: A*

Theology of Mission for Today, 2004)에서 21 세기 선교를 거대한 패러다임의 전환과정으로 전망하면서 그는 이 전환 과정의 이해를 위한 모델을 사도행전에서 찾는다. 사도행전은 복음이 다른 문화권으로 확장되면서 겪게 되는 기독교 정체성의 변화 과정을 보여준다. 유대적 정체성에 기초해 세워진 예루살렘 교회는 유대 문화의 옷을 입은 기독교였다. 복음과 유대 문화는 분리될 수 없는 하나였다. 그런데 복음이 유대 문화를 벗어나 헬라 문화 속에 뿌리내리게 되면서 예기치 못한 질문에 직면한다. 유대 문화를 전혀 모르는 이방인들이 교회에 가입되고 그들의 수가 더 많아지게 되면서 "유대 문화의 껍데기를 제거하고 오직 예수 그리스도에 대한 믿음만으로 교회를 세울 수 없겠는가?" 라는 요구가 커진 것이다. 복음을 유대 문화로부터 분리시켜야 한다는 요구였다. 이방인 신자들은 자신들의 문화와 언어에 맞는 신앙 표현을 갖고 싶어했고, 유대 문화의 율법적 측면, 예를 들면 할례 등은 자신들의 복음 이해와 무관할 뿐 아니라 오히려 걸림돌로 느껴졌다. 유대 문화에 물든 기득권 집단의 저항이 있었지만, 시간이 지나면서 유대적 정체성을 벗고 헬라 문화에 기반을 둔 새로운 기독교 정체성으로의 전환은 피할 수 없는 대세가 되었다.

베반스는 사도행전 내용의 분석을 통해 이 정체성 전환 과정이 어떻게 진행되었는지를 잘 보여주었다. 그런데 이 정체성 변화 패러다임은 기독교 역사 전반에 걸쳐 반복적으로 나타난다. 500 여년 전 종교 개혁도 새로운 상황에 맞도록 복음을 번역하는 과정이었으며 또한 기독교 정체성의 전환 과정이었다. 마찬가지로 21 세기 세계화된 기독교가 겪고 있는 패러다임 전환의 과정 역시 초기 기독교에서 진행되었던 패턴을 따르고 있다. 비서구 출신 기독교인 인구가 월등히 많아지면서 서구적 관점으로 이해되던 기독교 정체성은, 새롭게 일어나고 있는 다수세계 교회들의 관점에서 새롭게 해석될 것을 요구받고 있기 때문이다. 번역은 복음의 본질적 특성이다.

초기 기독교의 재발견을 통해 21 세기 기독교가 나아가야 할 방향을 찾는 또 다른 대표적 학자는 역사학자 **앨런 크라이더**(Alan Kreider)라 할 수 있다. 그의 연구 질문은 다음과 같다.

> 국가 권력의 강력한 핍박 아래 있었고 사회적으로 주변적 존재였던 평범한 사람들로 구성되었으며 문명의 변방에서 시작되었던 기독교가 어떻게 당대 최강대국이었던 로마 제국을 복음으로 점령할 수 있었는가? 그들의 생존과 영향력의 비밀은 무엇이었나?

초기 기독교 당시의 다양한 역사적 자료들을 검토한 뒤 크라이더는 그의 책 『회심의 변질』(The Change of Conversion and the Origin of Christendom, 1999)에서 이 비밀을 두 가지로 요약한다. 하나는 죽음을 두려워하지 않고 다른 사람들을 돕는 그리스도인들의 특이한 삶의 방식이며 다른 하나는 축귀로 대표되는 영적 능력이었다. 크라이

더는 여러 해 뒤에 『초기 교회와 인내의 발효』(*The Patient Ferment of the Early Church: The Improbable Rise of Christianity in the Roman Empire*, 2016)에서 이 질문을 더욱 발전시킨다. 초기 기독교 선교의 특성을 "인내의 발효"라는 용어로 설명하는데, 발효는 하나님 나라의 확장성과 영향력의 비밀을 설명하기 위해 예수님이 사용한 누룩의 비유(눅 13:21)와 연관이 있는 것으로 보인다.

초기 기독교에서 21 세기 선교의 길을 찾는 또 다른 학자는 **데이빗 보쉬**(David Bosch)다. 그는 『길의 영성』(*A Spirituality of the Road*, 1979)에서 고린도후서에 나타난 선교사 바울을 통해 선교의 본질에 대해 설명한다. 바울은 우월한 문명이나 정치적, 경제적 힘을 앞세우지 않았다. 그의 능력은 철저하게 복음에서 비롯되었으며 그 복음은 '약함'이란 그릇에 담겨 있었다. 그는 초기 기독교(바울)의 선교를 약함으로 정의했는데 이는 선교의 본질을 꿰뚫은 놀라운 통찰이다(보쉬 2023, 111). 선교사는 굶주린 거지들을 향해, 어디 가면 먹을 것을 얻을 수 있는지 알려주는 또 다른 거지일 뿐이다.[2] 이 책을 통해 보쉬는 21 세기 선교가 가야 할 길을 초기 기독교의 선교 방식에서 찾아야 함을 제시했다.

어디서
시작되었나?

선교 패러다임의 변화들은 어느 날 갑자기 튀어나온 돌연변이가 아니다. 21세기 선교 패러다임의 전환도 마찬가지다. 20세기 어느 시점부터 꾸준히 제기되었고 오랜 기다림, 즉 긴 시간에 걸친 '숙성' 과정을 거쳤다. 그러므로 21세기 선교 패러다임을 이해하는 또 다른 방법은 20세기 동안 진행된 변화들을 되돌아보고 그것들이 오늘날의 선교상황과 어떻게 연결되는지를 검토하는 것이다. 여기서는 20세기 동안 발생한 몇 가지 사례를 통해 21세기 선교 패러다임 전환의 배경을 간단하게 살펴보자.

위기와 패러다임의 전환

패러다임의 변화 가능성은 선교가 위기를 경험할 때마다 제기된다. 1930년대 대공황도 그 중 하나였다. 전 세계 경제가 파국을 맞은 가운데 선교운동에도 엄청난 타격이 가해졌다. 특히 재정적 어려움이 컸다. 그런데 이 위기 속에서 선각자들은 하나님이 여시는 새로운 길을 본다. 인도에 막 도착한 새내기 선교사 레슬리 뉴비긴(Lesslie Newbigin)도 그 중 하나였다. 대공황의 위기 속에서 그는 선교 패러다임의 전환으로 이끄는 하나님의 손길을 보았다.

인도에서 오랫동안 선교사역을 한 마크 랭(Mark Laing) 박사는 그의 논문에서 뉴비긴이 본부 지도자와 나눈 서신 분석을 통해 이

부분을 설명한다. 1930년대에 대공황이란 위기 속에서, 초년 선교사 뉴비긴과 베테랑 선교 지도자였던 스코틀랜드 교회 해외선교회 총무 키드(Alexander Kydd) 박사가 위기를 어떻게 바라볼 것인가를 놓고 서신을 주고받는다. 한 사람은 대공황을 기존 선교 구조 지속을 위해 극복되어야 할 도전으로 본 반면, 다른 사람은 위기를 기존 패러다임 변화의 기회로 보았다(Laing 2011, 105-9). 단체를 이끌고 있던 키드 박사는 선교가 위기 가운데 있다고 판단했다. 선교 지원자는 늘고 있었지만, 선교부 재정이 지속적으로 적자 가운데 있었기 때문이다. '더 많은 사역을 위해서는 더 많은 재정'이란 패러다임에 묶여 있던 그에게 재정 적자는 곧 선교의 위기를 의미했다.

한편 1936년 인도 남부 타밀나두 지역에 파송된 젊은 선교사 뉴비긴은 재정 위기 상황을 변화된 선교현장에 맞도록 기존의 선교 패러다임을 바꿀 수 있는 절호의 기회로 보았다. 많은 재정이 요구되는 도시의 기관 사역들, 예를 들면 학교나 병원, 각종 선교센터들을 정리하고, 대신 선교사들을 시골 지역의 교회개척 사역에 재배치하고, 선교사 중심의 선교전략도 현지 교회 중심으로 전환할 것을 제안하였다. 지난 세기 서구 선교의 근간을 이루던 크리스텐덤(Christendom) 선교방식, 즉 우월한 서구 문명을 앞세워 기독교를 전파하던 방식을 본질적으로 재검토해야 한다고 주장한 것이다.

뉴비긴은 선교현장에서 진행되고 있는 변화들을 정확히 파악하고 있었으며, 경제적 위기를 새로운 패러다임을 시도할 수 있는 기회로 본 것은 탁월한 안목이었다.[3] 그러나 안타깝게도 초년 선교사의 제안은 수용되지 않았고 선교 패러다임의 전환은 여러 해를 더 기다려야 했다. 마크 랭 박사는 패러다임 전환이 쉽지 않음을 다음과 같이 설명한다.

> 키드(Kydd)와 해외선교위원회는 상황을 정확히 읽지 못했다. 자신들에 의해 출생한 토착교회들과의 관계를 지나치게 재정적 관점에서만 바라보았기 때문이다. 과거 선배들의 실수를 지적하는 것은 쉽다. 뒤돌아보면서, '이것은 너무나 분명한 상황인데… 그들은 변화를 선택했어야 했어'라고 말할 수 있다. 그렇다면 우리는 어떤가? 70년 전 선배들보다 더 나은 결정을 하고 있는가? 오늘날 재정 위기에 대해 어떻게 대처하고 있나? 지속적으로 침체되고 있는 재정과 신임 선교사 동원 상황은 우리의 선교정책에 어떻게 반영되고 있는가? 재정적 위기를 선교의 위기로 받아들이고 있는가? 아니면 변화의 기회로 보고 있는가? 만약 변화의 기회로 여긴다면, 어느 방향으로의 변화인가?(Laing 2011, 109)

경제 대공황 위기 속에서 뉴비긴은 하나님이 선교 현장에서 행하시는 변화들을 보면서 이제까지 익숙하던 이전의 선교 패러다임을 내려놓고 하나님이 새롭게 보여주는 방향으로 생각이 바뀌어야 한다고 생각했다. 선교 패러다임의 전환에 대한 두 사람의 대화는 20세기 내내 진행된 선교학적 토론의 핵심 주제였다. 21세기 선교 패러다임의 전환도 이 토론의 연장선상에 있다.

에딘버러 세계선교사대회

21 세기 선교 패러다임은 20 세기 선교가 겪은 위기들 속에서 제기된 다양한 질문과 토론의 결과라고 했다. 그렇다면 그 출발점은 어디일까? 많은 선교역사학자들은 그 출발점을 20 세기 초에 열린 에딘버러 세계선교사대회(1910 년)라 말한다.

에딘버러 세계선교사대회는 세계복음화의 과제 완성을 위한 전략들을 논의하는 최초의 범세계적인 초교파 선교대회였다. 19 세기의 성공적 선교에 대한 자축의 자리였고 참석자들은 자기 세대에 전 세계가 복음화될 것이란 낙관적 전망에 취해 있었다. 그런데 이 회의는 그들의 의도대로 진행되지 못했다. 근대 선교운동의 성공 뒤에 있던 잠재해 있던 문제들이 표출되었고 이는 20 세기 선교운동 내내 쟁점이 되었다. 게다가 몇 년 뒤 발생한 제 1 차 세계대전, 공산 혁명, 대공황, 그리고 다시 제 2 차 세계대전 등으로 인해 세계는 격변했고 낙관적 전망을 가능케 했던 상황도 빠르게 사라져갔다.

그렇다면 이 선교대회가 이후 선교운동에 어떤 영향을 미쳤는가? 먼저 이 대회는 국제적인 선교대회의 전형이 되었다. 이전에도 선교대회가 없었던 것은 아니지만 교파와 국가를 초월해 모든 개신교 선교단체 대표들이 모인 선교대회는 에딘버러 대회가 최초였다.[4] 이 대회 이후 소위 "에큐메니컬"(초교파적 또는 범세계적) 정신이 보편화되었고 이 정신 위에 다양한 국제 선교조직이 세워졌다. 국제선교협의회(International Missionary Council), 세계교회협의회(World Church Council), 로잔 세계복음화회의(Lausanne Congress on World Evangelization) 등 다양한 국제적 연합 모임으로 이어지면서 오늘에 이르고 있다. 21 세기 기독교의 중요한 특징인 글로벌 교회 또는 세계화된 기독교의 토대가 이때 시작된 것이다.

이 대회는 세계라는 표현을 사용했다. 아마 서구 선교사들이 전 세계 모든 곳에서 사역한다는 의미에서 이 용어를 사용했을 것이다. 어쩌면 서구 선교사들이 세계를 대표한다는 생각이 저변에 있었을 수도 있다. 그러나 20 세기 선교운동 기간 동안 '세계' 또는 '글로벌'에 대한 이해는 계속 바뀌었다. 오늘날 선교운동이 사용하는 세계라는 단어는 말 그대로 전 세계 모든 교회들이 함께 만들어 가는 기독교를 의미한다. 이는 21 세기 선교 패러다임을 규정하는 중요한 개념이 되었다.

다른 하나는 "세계 선교운동은 (서구) 선교단체의 책무인가?"에 관한 질문이었다. 에딘버러 선교사대회의 결의에 따라 범세계적으로 선교에 대해 논의하는 두 개의 국제 기구가 만들어졌다. 하나는 선교단체들 중심으로 국제선교협의회(International Missionary Council, 1921)가 결성된 것이고.[5] 다른 하나는 교회 중심의 국제협의 기관으로서 세계교회협의회(World Church Council, 1948)가 결성된 것이다.

아프리카 선교학자인 해리 소예르(Harry Sawyerr)는 에딘버러 세계 선교사대회를 선교단체 중심의 세계 선교운동에서 교회 중심의 선교운동으로 전환하는 계기였다고 평가한다(Sawyerr 1978, 271-72). 국제선교협의회와 세계교회협의회가 공존하는 상황에서 "선교의 주체는 누구인가?"라는 주제를 놓고 격렬한 토론이 진행되었고, 이 토론은 1958년 가나 대회가 선교단체 중심이던 국제선교협의회를 해체하고 그 기능을 세계교회협의회 산하 기관인 전도와 세계선교위원회(the Commission on World Mission and Evangelism)로 통합하기로 결의함으로써 종결되었다. 일련의 결정들은 세계 선교운동이 선교단체 중심에서 서서히 교회 중심으로 전환되었음을 보여준다.

성공의 역설

21세기 선교 패러다임의 전환의 주요 배경 중 하나는 근대 선교운동을 이끌었던 크리스텐덤 패러다임[6]의 운명에 관한 토론이다. 크리스텐덤 패러다임은 서구 문명의 우월성을 앞세워 '서구로부터 서구 밖의 비기독교 지역으로' 복음을 '일방적으로' 흘려보내는 특성을 갖고 있다. 이 틀을 중심으로 근대 선교운동은 기독교를 전 세계 대부분의 지역에 확산시켰다.

크리스텐덤 붕괴 이후의 기독교를 연구하는 스튜어트 머레이(Stuart Murray) 교수는 서구 선교의 열매인 세계화된 기독교는 서구 크리스텐덤 구조의 열매이지만 그것이 크리스텐덤 세계관의 세계적 확장은 아니었다고 주장한다. 오히려 21세기의 세계화된 기독교는 크리스텐덤의 붕괴 위에 세워진 새로운 기독교로 이해한다.

기독교의 전 지구적 신앙으로의 확산은 크리스텐덤 붕괴에 결정적 충격이 되었다. 서구 선교사들은 비록 크리스텐덤 사고 속에 잠겨 있었고 그 가치와 구조를 다른 문화권에 이식하려 애썼지만, 낡은 가죽 부대 안에 새 포도주를 넣으려는 그들의 노력은 성공하지 못했다. 비강제적 전략들에 의해 비제도화된 토착형태의 기독교로 발전한 아시아, 아프리카의 교회들은, 서구 교회와는 달리 특정 통치구조에 얽매이지 않을 뿐 아니라 더 이상 크리스텐덤 형태의 기독교가 아니었다(Murray 2018, 137).

선교역사학자 앤드류 월스 교수는 크리스텐덤 패러다임의 운명에 대해 흥미로운 진단을 내린다. 근대 선교운동의 성공을 이끈 마지막 절정이면서 동시에 그 성공 때문에 폐기될 운명에 처해 있다고 주장한다.[7]

(지난 세기 동안의) 서구의 선교운동은 크리스텐덤의 마지막 절정으로 볼 수 있지만, 다른 한편으로는, 마치 아브라함이 갈대아 우르를 떠난 것처럼, 크리스텐덤으로부터 떠나는 과정이었다(Walls 2016, 694).

크리스텐덤 패러다임 폐기는 그것이 근대 선교운동 기간 동안 너무나 효과적으로 작동했기 때문이었다. 전 세계에 모든 곳에 교회들이 세워진 상황은 역설적으로 크리스텐덤 패러다임의 기본적인 틀(서구에서 비서구로 흘러가는 일방적 창구)이 설 자리를 없애 버렸다.

전 세계 거의 모든 곳에 교회들이 세워진 상황에도 크리스텐덤 방식의 구조가 유지될 필요가 있는가?

이는 19세기의 대표적 선교 학자였던 헨리 벤(Henry Venn)이 이미 오래 전에 예견한 것이다. 선교사는 '자신의 안락사'를 준비하는 존재다. 선교사역이 성공해 현지 교회가 스스로 설 수 있게 되고 선교사가 더 이상 필요 없게 되면 즉시 떠나야 한다. 선교사는 건축이 끝나면 철거되어야 하는 비계(飛階)와 같다. 크리스텐덤 방식의 선교는 성공을 거뒀고 그 성공 때문에 폐기되어야 했다.

그런데 현지 교회가 이미 뿌리내리고 성장한 뒤에도 대부분의 선교단체들은 선교지에 머물러 있었고 여전히 현지 교회들 위에 군림하고 있었다. 이에 대한 반발이 바로 비서구 지역의 여러 교회 지도자들로부터 제기된 선교 모라토리엄(moratorium, 일시 중지) 요청이었다. 다음은 1971년 동아프리카 장로교회 총무인 존 가투(John Gatu) 목사가 한 요청이다.

서구 선교사들의 지도력과 재정지원이 현지 교회의 자립과 자치를 막고 있다. 아프리카 교회의 미래에 대해 선교사와 토착 교회가 각자의 입장에서 생각해 보기 위해 아프리카에서 사역하는 서구 선교사들이 5년 동안 철수하는 게 어떤가?

두 가지를 요청한 것이다. 하나는, 서구 교회의 영향력으로부터 독립이 필요하다고 외친 것이고 다른 하나는, 이제 전 세계 모든 곳에 교회들이 있으니 선교사의 도움 없이 스스로 그 지역의 복음화 사명을 감당할 수 있도록 현지 교회들을 믿어달라는 것이었다.[8]

세계화된 기독교의 무게 중심이 서구로부터 비서구로 옮겨가게 된 오늘날의 상황에서는 '우월한 문명과 재정을 앞세워 서구에서 비서구로 흘려보내는' 크리스텐덤 선교방식이 설자리가 없다. 오히려 선교의 흐름 방향이 역전되는 시대로 돌입하고 있다. 크리스텐덤 선교 패러다임은 폐기되었다. 이제 새로운 상황에 맞는 새로운 선교 패러다임을 세워야 한다.

새로운 패러다임의 실루엣

21세기의 변화된 상황을 담아내기 위한 새로운 선교 패러다임은 어떤 모습일까? 여기서는 20세기 말 변화된 선교 상황에 대한 몇몇 학자들의 견해를 중심으로 그 윤곽을 대략적으로 가늠해 볼까 한다.

먼저 **티모시 텐넌트**(Timothy C. Tennent)의 견해다. 21세기 선교 패러다임을 가늠하기 위해서는 먼저 범세계적 차원의 기독교 무게 중심의 변화를 이해해야 한다. 빠르게 성장하고 있는 비서구 세계의 기독교 안에 답이 있다.

21세기가 시작될 무렵, 기독교인의 전형적인 '얼굴'은 런던에서보다 (나이지리아) 라고스에 살고 있을지도 모른다. 오늘날 서구에 사는 우리에게 '스웨덴인 불교도'라는 말이 매우 어색하게 들리듯이, 머지 않은 장래에는 '백인 그리스도인'이라는 말이 호기심을 자극하는, 그리고 조금은 모순처럼 들리는 날이 올 지도 모른다. 오늘날 네번째 기독교 분파가 일어나고 있는데 이들은 로마 가톨릭, 동방정교회, 개신교 등 우리가 친숙한 기독교 범주에 포함되지 않는 새롭게 일어나는 분파이다. 앤드류 월스는 이렇게까지 말한다. "현재의 추세가 계속된다면 아프리카 기독교가 21세기의 대표적인 기독교가 될 것이다." 필립 젠킨스가 새롭게 일어나고 있는 다수세계 교회를 다가올 크리스텐덤(The next Christendom)으로 대담하게 선포한 이유이기도 하다(Tennent 2007, 105).

  선교역사학자인 **데이나 로버트**(Dana Robert)는 서구 교회가 주도했던 근대 기독교 선교운동의 의미를 두 개의 단어로 요약했다. "실패한 비전과 성취된 꿈"(Failed Vision & Accomplished Dream)이다 (Robert 2009, 67-69). 어떤 점이 "실패한 비전"이고 어떤 면에서 "성취된 꿈"인가? 먼저 서구 교회가 품었던 비전, 즉 서구 크리스텐덤의 세계적 확장을 이뤄내지 못했기 때문에 근대 선교운동은 실패한 비전이다. 서구 기독교를 지탱하고 있던 크리스텐덤 세계관이 붕괴되고, 서구의 선교운동의 결과로 세워진 선교지 교회들은 서구 크리스텐덤과 거리가 먼 새로운 기독교 정체성들로 발전되면서 실패한 비전이 되고 말았다. 그렇다면 성취된 꿈은 무엇인가? 근대 선교운동을 통해 세워진 세계화된 기독교(World Christianity)가 바로 성취된 꿈이다. 각 문화에 뿌리내린 교회들은 다양한 기독교 정체성들로 발전했고 이 다양성은 다시 하나의 글로벌한 기독교로 연결되고 있는데 이것을 초기 기독교가 바라던 꿈의 성취로 보았다.

그렇다면 초기 기독교의 이상을 회복한 21 세기 기독교 선교는 어떤 모습을 지니게 될까? 로버트는 역사학자의 관점에서 변화의 방향성을 다음과 같이 전망했다. 파송받은 전임 선교사들보다는 세계화의 추세 속에서 평범한 그리스도인들이 자연스럽게 삶 속에서 복음을 전하는 아마추어 선교가 활성화될 것이다. 즉, 비영리 NGO 단체가 주된 선교 구조가 될 가능성이 높고 삶의 총체적 변화를 지향하는 선교가 될 것이다. 각 지역에 형성된 다양한 토착 기독교 공동체들이 범세계적으로 서로 연결되는 '세계' 기독교로 발전할 것이며, 선교운동 역시 전 세계 모든 교회들이 참여하는 '글로벌' 형태가 될 것이다(Robert 2009, 73-74).

다음은 남미 출신 선교학자인 **사무엘 에스코바**(Samuel Escobar)의 관점이다. 그는 1999 년 세계복음주의연맹(World Evangelical Alliance, WEA)이 주최한 "이과수 (선교학자) 회의"에서 20 세기 후반에 제기된 선교학적 이슈들을 검토한 뒤, 21 세기 복음주의 선교학의 방향성을 제안하는 논문을 발표했다. 그는 21 세기 새로운 선교 패러다임의 핵심 개념들을 다음 몇 가지로 요약했다. "삼위일체 하나님의 선교", "번역 가능한 복음", "지구촌화된 교회", "포스트모던 세계관의 도전에 대한 반응" 등이다. 에스코바가 제시한 이 개념들은 21 세기에 우리가 새로 세워야 할 선교 패러다임의 윤곽을 잘 보여준다(테일러 2004, 59-92, 185-215).

마지막으로 **마이클 고힌**(Michael Goheen)은 『21 세기 선교학 개론』(2021)의 서론에서 21 세기 선교학의 새로운 방향성을 다음 네 가지로 정리한다. 첫째는 서구로부터 비서구로 향하는 일방통행식 선교 패러다임에서 "모든 곳에서 모든 곳으로" 흐르는 새로운 패러다임을 지향한다. 둘째, 전 세계 모든 곳에 교회를 세우는 것에서 창조세계를 구속하기 위한 하나님의 선교에 참여하는 것으로의 변화이다. 셋째, 확장 패러다임으로부터 소통(communication) 패러다임으로의 전환이다. 선교는 더 이상 지리적 확장이 아니며 전 세계 모든 곳에 존재하는 토착교회들의 삶과 행위를 통한 복음의 소통으로 이해된다. 마지막으로 영혼 구원을 위한 영적 복음을 넘어 삶 전체의 변화를 위한 총체적 복음을 지향한다(고힌 2021, 24-25).

위에서 살펴본 견해들에 기초해, 필자는 21 세기 선교 패러다임을 이루는 기둥들을 다음 세 가지로 나누어 살펴보고자 한다. "삼위일체 하나님의 선교의 재발견", "번역 가능한 복음과 기독교 정체성의 확장", 그리고 "21 세기 선교의 새로운 틀로서 세계 기독교"이다. 이 세 기둥에 대한 이해는 21 세기에 펼쳐질 선교의 새로운 양상들을 이해하는 새로운 틀을 제공해 줄 것이다.

2부

21 세기 선교 패러다임의 기둥들

삼위일체 하나님의
선교

　　　　21 세기 선교운동을 파악하기 위해 반드시 이
해해야 할 개념 중 하나는 '삼위일체 하나님의 선교'다. 20 세기
선교운동 기간 내내 선교학자들은 이 관점을 어떻게 이해할 것인
가를 놓고 토론해 왔다. 특히 복음주의 진영에서는 이 개념을 둘러
싸고 롤러코스터를 타듯 긍정과 부정 사이를 오가며 격렬한 논쟁
을 벌여 왔다. 왜 복음주의 진영 선교 지도자들은 하나님의 선교에
대해 씨름하게 되었으며 이 개념이 어떤 점에서 21 세기 선교운동
을 이해하기 위한 핵심적 쟁점으로 등장하게 되었는가? 이 질문들
을 다루기 앞서 필자 개인의 선교적 여정 가운데 만났던 하나님의

선교를 나누고자 한다.

금기어에서 필수어로

선교훈련을 받을 때 선교학을 공부하면서 이해하기 어려운 것이
하나 있었다. '하나님의 선교'라는 단어에 대한 평가였다. 복음주의
입장에서 받아들일 수 없는 개념이며 입에 올려서는 안 되는 금기
어라는 것이었다. 선교는 하나님의 일이라 알고 있었고 우리는 하
나님의 종으로서 그의 부르심에 순종하는 것이라고 생각했던 필자
는 이 설명에 동의하기 힘들었다. 만약 선교가 하나님의 일이 아니
었다면 필자는 선교사로 헌신하지 않았을 것이다.

필자는 시골 출신이다. 어린 시절 꿈 중의 하나는 죽기 전에 한
번이라도 비행기를 타고 해외에 나가보는 것이었다. 지금 생각하
면 "뭐 그런 소원이 다 있나?" 하겠지만 그 시절 우리나라의 상황
이 그랬다. 태어난 시골을 벗어나 서울에 가는 것조차 벼르고 별러
야 가능했다. 그런데 하나님을 믿게 되면서 모든 것이 바뀌었다.
철야 기도회 중에 성령체험을 하게 되었고, 이후 사도행전 1 장
8 절 말씀을 통해 선교사로 부르시는 주님의 음성을 들었다. 너무
나 강렬한 경험이었기에 선교가 뭔지 잘 몰랐지만 필자는 망설임
없이 선교사로 헌신했다. 그때가 고 3 때였다. 예수님이 전파되지
않은 어느 지역이든지 하나님이 보내시면 그곳으로 가서 복음을
전하겠다는 결단이었다. 과연 내가 여권을 만들 수 있을는지, 누가
나를 그곳으로 보내며 후원해 줄는지, 위험한 오지로 간다면 어떤

여자가 내게 시집올지, 설령 결혼을 한다 하더라고 애들은 어떻게 키울 것인지… 그런 것들은 물어볼 생각도 못했다. 하나님의 일이니 모든 난관은 그분이 해결해 주실 것이라 믿었기 때문이다. 하나님이 부르셨고 하나님의 일에 순종한 것이니 하나님이 책임지실 것이었다. 만물을 주관하시는 하나님이 못하실 일이 어디 있겠는가! 그러나 인간적인 관점에서 보면, 선교사가 되겠다는 내 결단은 허무맹랑한 '객기'에 가까웠다.

선교는 하나님의 일이고 처음부터 끝까지 하나님이 주도하신다는 것을 바울을 통해 배웠다. 바울은 예수 믿는 사람들의 반대편에서 있던 사람이었다. 그러던 그가 다메섹으로 가던 길에서 갑자기 하나님의 종이 된 것은 대반전이었다. 그의 계획이 아니었다. 하나님이 주도하신 일이다. 부활하신 주님은 밝은 빛 가운데 바울에게 나타나 자신이 예수이며 내가 너를 내 일에 사용하겠다고 선포하셨다. 그 즉시 바울은 엎드러졌고 자신의 삶 전체를 예수님의 손에 맡긴다. 그 뒤 흔들림 없이 복음을 듣지 못한 이방인들을 향해 나아갔다. 제자 디모데에게 보낸 편지에서 그는 자신의 선교 여정이 하나님으로부터 비롯된 것임을 분명하게 고백한다.

> 하나님이 우리를 구원하사 거룩하신 소명으로 부르심은 우리의 행위대로 하심이 아니요 오직 자기의 뜻과 영원 전부터 그리스도 예수 안에서 우리에게 주신 은혜대로 하심이라(딤후 1:9).

바울의 고백은 선교가 처음부터 하나님의 선교였음을 알려준다. 그런데 '하나님의 선교', 라틴어로 '미시오 데이'(*missio Dei*)가 우리 입에 담으면 안 되는 금기어라니… 이해가 안 되는 것이 당연했다. 인터넷 상의 위키 백과사전은 '미시오 데이'를 "하나님의 선교 혹은 하나님의 보내심을 의미하는 라틴어 표현으로 개신교의 신학 용어"이며, "신학적 경향에 따라서 긍정적으로 보는 진보주의적 관점과 부정적으로 보는 보수적 복음주의적 견해로 나뉜다"라고 설명한다. "보수적 복음주의는 이 개념을 부정적으로 인식한다"고 설명하고 있다. 선교는 하나님이 하시는 일이고 성경에 나오는 모든 선교적 사건들은 하나님이 선교의 주도자임을 선명하게 증언하고 있는데 왜 '하나님의 선교'를 부정적으로 봐야 한단 말인가?

당시 배운 설명은 이랬다. 이 용어는 복음주의 관점과 대립되는 에큐메니컬 진영이 선호하는 선교학 용어로, 영혼구원을 무시하고 복음을 세상 변혁의 이데올로기로 활용하는 사람들의 입장을 대변한다. 물론 이런 의구심이 들기는 했다. 에큐메니컬 진영의 선교사들은 정말 복음을 정치 이데올로기 정도로 생각했을까? 그런 생각으로 하나님의 선교라는 이 좋은 용어를 오염시킨 게 맞을까? 아직 에큐메니컬 진영과 복음주의 진영이 나눠지기 전인 1950년대에는 대부분의 선교사가 이 개념을 환영했는데 그렇다면 그 이유는 무엇이었을까? 그러나 당시 필자는 이런 질문들에 대한 답을 연구할 만큼 여유가 있지 못했고(훈련을 마치고 빨리 선교지에 나가야 했다), 내가 속한 복음주의 진영의 지도자들이 고민하면서 내린 결론이라면 그들을 믿고 받아들이는 것이 맞다고 생각했다. 하나님의 선교라는 관점을 진영논리에 따라 거부하는 것은 내키지 않았지만, 어쨌든 '하나님의 선교', '미시오 데이'는 금기어로 기억되었고 이 용어를 둘러싼 선교학적 고민과는 서서히 멀어졌다.

18년간의 해외 선교사역을 마치고 본부 대표 직무를 위해 귀국하게 되면서 필자는 선교학 용어로서 '하나님의 선교'를 다시 만났다. 신학교에서 선교학을 강의하게 되었는데 강의 준비를 하면서 복음주의를 표명하는 여러 선교학자들이 "선교는 하나님의 선교"라고 주장하는 것을 읽게 되면서였다. 선교지에서 어려움을 겪으며 선교는 나의 일이 아니고 처음부터 끝까지 하나님의 일이라는 것을 알고 있었기 때문에 한편 이 주장들이 반가웠다. 다른 한편으로는 복음주의 선교학자들이 정말 이 용어에 대한 관점을 바꾼 것이 확실하게 맞는지 궁금했다.[1] 그런데 필자가 관련 글들을 읽기 10여 년 전(1999년)에 세계복음주의연맹(World Evangelical Alliance, WEA)이 주최한, 복음주의 선교학자들의 모임인 이과수 선교회의에서 "앞으로 선교를 하나님의 선교의 관점에서 바라보겠다"는 선언을 했다는 사실을 읽고 충격을 받았다. 이과수 선교회의에서 발표된 선언문 중 "헌신"의 영역 첫 항목은 다음과 같이 삼위일체 하나님 중심으로 선교를 바라볼 것을 선언하고 있다.

선교에 대한 삼위일체적 확언—우리는 하나님 중심의 선교학에 대한 새로운 강조점에 헌신한다. 이것은 이 타락한 세상에 대한 선교에 있어 성부, 성자, 성령의 독특한 역할을 이해할 뿐만 아니라, 인류와 전체 피조계의 구속을 위한 삼위 하나님의 일하심에 대한 새로운 연구로 우리를 초청한다(테일러 2004, 51).

이 선언문은 복음주의 선교학이 삼위일체 하나님을 중심으로 선교를 이해하겠다는 결단을 표현하고 있다. 이 선언이 발표된 것은 1999년이었고 이 선언문이 담긴 책이 한국어로 번역되어 출판된 것은 2004년이었다. 이 선언 뒤에도 꽤 여러 해 동안 나는 '하나님의 선교'를 금기어로 알고 지냈던 것이다.

실패한 '나의' 선교

필자는 미전도종족 중 하나인 태국 내 말레이계 무슬림들 가운데서 사역했다. 이들은 전통적으로 이슬람을 믿는 종족이었는데 18세기경 태국에게 점령되어 수백 년 동안 불교도인 타이 종족, 즉 태국의 지배를 받았다. 초기부터 독립을 위한 무장 투쟁을 해왔고 이 투쟁은 20세기 들어 더 강렬해졌고 오늘날까지 계속되고 있다. 이들에게 이슬람은 민족적 정체성을 지키는 마지막 보루이고 불교도의 억압을 이겨낼 수 있는 정신적 버팀목이었다. 이슬람을 중심한 단결을 깨뜨리는 것은 모두 적으로 간주되었다. 이들을 향한 복음증거가 어려운 이유가 여기에 있다. 불교 세력과 투쟁하고 있지만 기독교 선교에 대해서도 예민하게 반응한다. 이들에 대한 조직적인 기독교 선교는 1953년 중국에서 철수한 서양 선교사들이 태국 남부 지역에 재배치되면서 시작되었다. 우리 가정이 합류할 시점에는 40여 년 동안 사역이 진행되었을 때였고 여러 순교자들이 있었음에도 아주 적은 수의 개종자만이 존재할 정도로 열매가 없었다.

우리 가정은 언어공부를 마치고 방콕 외곽 무슬림 마을에 들어가 살면서 사역을 시작했다. 무장 투쟁이 벌어지는 남부 태국에 비하면 상대적으로 안전했지만 외부인들에 대한 적대감은 중부 태국 무슬림 공동체도 크게 다르지 않았다. 오히려 불교도가 다수인 사회에서 생존해야 했기에 더 예민한 면도 있었다. 무슬림 공동체 안에 살기 위해 선교사 신분을 숨겨야 했는데 여간 불편한 게 아니었다. 게다가 외부인을 경계하고 적대감을 보이는 이들 가운데서 회심자를 얻는다는 것은 불가능한 과제처럼 보였다. 마치 혼자 힘으로 거대한 바위를 움직이려는 것처럼 무모하게 느껴지곤 했다. 사역에 대한 부담은 감당하기 힘든 스트레스가 되었고 얼마 지나자 우울증과 함께 몸 여기저기가 아파오기 시작했다. 무슬림 학생이 많은 근처 대학에서 전도도 하고, 살고 있는 마을과 옆 마을의 또래 무슬림 지도자들과 차를 마시며 친분을 쌓아가고 있었지만, 진전이 없는 사역으로 인해 삶은 점점 피폐해져 갔다.

그러던 어느 날이었다. 아침에 세면을 하다가 거울에 비친 필자의 얼굴을 보게 되었다. 피곤에 찌든 초췌한 남자가 필자를 바라보고 있었다. 나도 모르게 이렇게 중얼거렸다. "그 얼굴로 복음이 기쁜 소식이라고 말한다면 나부터도 믿지 못하겠다!" 정말 필자의 상태가 그랬다. 마음의 평강도 없었고 선교는 고통 그 자체였다. 그 순간 마음 저 깊은 속에서 예리한 음성이 들렸다. "너 지금 여기서 뭐하고 있는 거냐?" 필자의 상태는 선교를 하는 사역자의 모습이 아니었다. 하고 있는 일만 보면 선교가 맞을 수도 있지만 내면의 상태는 '아니었다'. "하나님, 제가 왜 이렇게 되었나요?" 주님의 설명이 내 폐부를 찔렀다.

"너, 지금 자기 일로 분주한 거 아니니? 난 내가 하는 일을 거들라고 널 불렀는데…"

그 순간 깨달았다. 입술로는 하나님의 선교를 한다고 외쳤지만, 어느 순간 선교는 '나의 일'이 되어 있었다. 일이 생각대로 진행되지 않으면 불안했고 조급했다. 매사가 쥐어짜듯 부자연스러웠다. 안절부절했고 자주 죄책감에 시달렸다. 사역 현장에서 일하고 계시는 하나님을 찾기보다는 내 계획에 하나님을 동원하기에 바빴던 것 같다. 직접 뭔가 이뤄보겠다고 쫓기듯 자신을 몰아 부치고 있었던 것이다.

이 경험 이후 필자는 '나의 선교'를 내려놓고 '하나님의 선교'를 하기로 결단했다. 되돌아보면 이때가 '진짜' 선교를 다시 배우기 시작한 시점이 아닌가 싶다. 하나님 중심의 선교를 하기 위해 몇 가지 새로운 원칙을 세웠다. 먼저, 반복적으로 나는 스스로에게 하나님의 선교를 거들기 위해 부르심 받은 존재임을 상기시키기로 했다. 사역 때문에 조급해하지 않고, 사역을 위해 자신을 몰아 부치지 않겠다고 결심했다. 사역의 기쁨이 사라지면 즉시 거기서 멈추기로 했다. 무책임해 보일 수도 있지만, 그렇게 하기로 했다. 또 다른 원칙은 하나님이 움직이시는 만큼 움직이는 것이었다. 마치 광야의 이스라엘 민족이 구름기둥과 불기둥이 움직일 때 이동했던 것처럼. 구름기둥이나 불기둥이 가만히 있으면 나도 그냥 가만히 있기로 했다. 하나님이 뒤에서 미시면 그제야 떠밀려 앞으로 나아갔다. 마지막으로 내가 일을 만들지 않고 하나님이 이미 해 놓으신 일들을 찾아 그 일을 하기로 했다.

관점을 바꾸니 새로운 일들이 보였다. 방콕에는 꿈과 기적 등을 통해 스스로 예수를 믿게 된 여러 개종자들이 있었는데 이들을 제자 훈련하면서 모든 사역을 이들과 함께 하려고 노력했다. 내 사역이 아니라 하나님의 사역임을 깨닫고 하나님이 맡기시는 사역에 참여하는 방식을 조금씩 배워 나갔다. 사역의 기쁨이 회복되었고 성과도 꽤 있었다.[2] 힘들고 어려운 순간들이 없었던 것은 아니지만, 심령 깊숙이 하나님이 주시는 평강과 기쁨은 언제나 거기 있었다. '진짜' 선교를 배우는 과정이었다. 가끔 힘든 무슬림 사역에 참여하게 되어 다행이라는 생각을 한다. 한계적 상황으로 내몰리지 않고 그로 인해 영혼과 몸이 피폐해지는 경험을 하지 않았다면 나처럼 성취욕구가 강한 사람이 '선교가 하나님의 선교'라는 사실을 배울 수 있었을까? 깊은 골짜기를 지나는 경험은 선교사들에게 주어지는 특별한 은혜다.

선교가 하나님의 일임을 깨닫자 모든 것이 제자리를 찾기 시작했다. 사역의 성과 여부에 따라 롤러코스터같이 오르내리던 내 감정도 안정되었다. 사역적 돌파가 있었다고 해서 우쭐해질 필요도 없고 열매가 없다고 의기소침해질 이유도 없었다. 선교가 하나님의 일이라는 사실을 깨닫고 나니 내 인생을 바라보는 관점도 여유로워진 것 같았다.

여러 해 뒤 인도에서 사역한 위대한 선교사였던 스탠리 존스 (Stanley E. Jones)의 책을 읽으면서 나의 경험이 하나님의 종들 사이에 보편적으로 나타나는 현상임을 알게 되었다. 그는 초기에 선교 사역에 대한 부담에 눌려 무려 9년간의 터널 같은 고통의 시간을 경험했다. 어느날 그에게 주님의 음성이 들려왔고 그 대화를 통해 새로운 선교의 길을 걷게 되었다고 회고했다.

한 음성이 들려왔습니다. "내가 너에게 준 사명을 수행할 준비가 되었느냐?" "아닙니다. 주여, 저는 이제 끝났습니다. 저는 벼랑 끝에 있습니다." 이렇게 대답하자, 다시 음성이 들려왔습니다. "네가 아무 걱정 하지 않고 나에게 모든 것을 맡긴다면, 내가 모든 것을 알아서 하겠다." 곧바로 나는 대답했습니다. "주여, 그렇게 하시지요." 그러자 마음에 고요한 평화가 넘쳤습니다. 이제 고통이 끝나가고 있음을 알았습니다. 생명이, 아주 풍요로운 생명이 차고 넘쳐 흘렀습니다. … 그후 내 인생의 가장 힘들었던 9년은 지나갔으며, 더 이상의 고통은 없었습니다. 나의 건강은 최상이었습니다. … 내 생명은 완전히 새로운 단계에 올랐습니다. 그것을 위해 내가 한 일은 아무것도 없었습니다. 단지 주신 것을 받은 것 밖에는 …(존스 2005, 35-36).

　선교는 내가 감당해야 하는 부담이 아니다. 오히려 하나님이 행하시는 일에 참여하는 것이며 그분이 떠미실 때 그분의 이끄심에 따라 걸음을 내딛는 순종의 과정이다. 이 과정에 익숙해지면서 필자는 산상수훈에서 하신 예수님의 가르침의 깊은 의미를 비로소 이해할 수 있었다.

　　공중의 새를 보라 심지도 않고 거두지도 않고 창고에 모아들
　　이지도 아니하되 너희 하늘 아버지께서 기르시나니 너희는 이
　　것들보다 귀하지 아니하냐 너희 중에 누가 염려함으로 그 키
　　를 한 자라도 더할 수 있겠느냐(마 6:26-27).

　우리가 할 수 있는 것에는 한계가 있다. 특히 필자가 사역하던 태국 내 무슬림들처럼 복음에 적대적인 사람들 가운데서 진행되는 선교 사역은 더욱 그렇다. 선교는 처음부터 끝까지 하나님의 일이며 하나님의 영광에 참여하는 것이고 그분의 즐거움을 함께 누리는 복된 과정이다. 만약 이점을 깨닫는다면 우리는 사역 현장에서 우리의 능력을 넘어 일하시는 하나님의 기적을 주기적으로 경험하게 될 것이다.

'하나님의 선교'를 받아들이기까지

선교현장의 한계상황 속에서 '하나님의 선교'를 재발견한 필자의 경험은, 20세기 후반 복음주의 선교운동이 지나온 과정의 축소판이라 할 수 있다. '하나님의 선교' 관점의 수용 여부를 둘러싸고 복음주의 진영은 환영과 반대의 과정을 지나왔는데 여기서는 그 과정에 대해 간단하게 살펴볼까 한다.

환호

'하나님의 선교'는 올바른 선교 이해에 있어서 반드시 전제되어야 하는 개념이지만 선교적 논의에서 이 개념이 제기된 것은 20세기 중반이다. 당시 이 개념은 기존의 선교 개념이 직면하고 있던 문제들을 해결하는 일종의 코페르니쿠스적 발상의 전환이었다(오트 2017, 171). 선교는 인간의 일이 아니라 하나님이 주도하시고 그분의 속성에서 비롯되는 것이라는 사실을 재발견한 것이다.

이전의 근대 선교운동을 이끌던 핵심적인 틀은 영혼구원과 교회개척, 그리고 기독교의 전 세계적 확장이었다. 즉 교회 중심적 사고가 선교운동을 지배했다. 그런데 20세기 중반 이후 교회 중심의 선교 이해는 심각한 도전에 직면한다. "교회를 개척하고 기독교를 확산하는 것이 선교의 본질인가?" 이 질문에 대한 고민의 결과가 하나님의 선교라는 새로운 관점이다.[3] 이 관점은 하나님의 관심이 피조 세계, 즉 오이쿠메네(*oikumene*) 전체의 회복에 있으며, 하나님의 선교에 선교의 본질이 있기 때문에, 교회 중심적(church-centric) 사고에서 벗어나 하나님의 피조세계 전반의 회복이란 관점으로 선교 이해가 바뀌어야 한다는 것이다.

데이빗 보쉬는 이러한 관점의 변화가 1952년 국제선교협의회 빌링겐 대회에서 정점을 이루었다고 평가하면서 그 의미를 다음과 같이 설명한다.

> 빌링겐 대회에서 나타난 선교관은 하나님의 보내심에 참여하는 것으로 선교를 이해한 것이다. 우리의 선교는 그 자체로는 생명이 없다. 오직 보내시는 하나님의 손 안에 있을 때 진정으로 선교라 불릴 수 있다. 왜냐하면 선교는 오직 하나님만으로부터 시작하기 때문이다. … 하나님의 선교를 좀더 구체적으로 설명한다면, 이 새로운 개념이 말하고자 하는 선교는 기본적으로 교회의 행위가 아니다. 그것은 하나님의 속성에 기인한다. 하나님은 선교적 하나님이다(보쉬 2017, 605).

그렇다면 선교를 하나님의 선교로 봐야 한다는 주장이 왜 이 시기에 사람들의 커다란 호응을 얻게 되었는가? 그 배경에 대해서는 다음 몇 가지 설명이 가능하다.

하나님의 선교에 대한 선교사들의 열렬한 반응은 1950년대 초 선교지의 변화와 관련이 있다. 식민지들이 독립하게 되면서 서구 기독교의 확장으로서의 선교 개념에 대한 비판의 목소리가 높았다. 그런데 하나님의 선교 개념은 서구 선교운동의 배경이 되었던 식민주의, 제국주의에 대한 죄책감으로부터 벗어나는 데 도움이 되었다. 서구 기독교 확장으로서의 선교운동은 서구의 식민주의적 정책과 궤를 같이 한 면이 있었는데, '하나님 중심'의 선교 관점은 이 부담으로부터 벗어날 수 있는 가능성을 열어주었다.

한편 중국과 동유럽 지역의 공산화, 그로 인한 선교사 추방 사태 등으로 닫혀가는 듯한 선교지 상황이 준 좌절감도 중요한 배경이 었다. 하나님의 선교라는 관점은, "과연 선교운동이 계속될 수 있을 것인가?"라고 낙심하던 선교사들에게 선교의 새로운 지평을 열어주었고, 하나님에 의해 이 난관도 극복될 것이라는 낙관적 안목을 가질 수 있게 해 주었다.

> 교회는 어떠한 신뢰성을 가지고 비기독교 세계에 말할 수 있을까? 선교사역을 촉진했던 식민지 체제는 붕괴되고 있었다. 과거 식민지였던 곳에서의 선교사역은 어떻게 될까? 최대의 선교지였던 중국에서 마오쩌뚱이 권좌에 올라 공산정권이 세워졌고 선교사들은 추방되었다. 선교는 중세의 이슬람의 위협 이래 최대의 위기를 직면하고 있었다. 그 결과 선교사업은 그 존재 자체가 불확실해졌고, 선교에 대한 자신감, 신뢰성, 정당성은 흔들리고 있었다. … 그 해결책은 선교의 코페르니쿠스적 혁명이었다. 이른바 선교의 중심을 인간에서 하나님의 성품과 주도권으로 대체하는 것이었다. 다른 비유로 말하면, 선교라는 집은 인간의 의도라는 불안정한 모래 위가 아니라 불변하는 하나님의 의지라는 반석 위에만 지어질 수 있다는 확

신이다(오트 2017, 174).

하나님의 선교는 신학적으로도 새로운 지평을 열어주었다. 자유주의 신학적 사조로 인해 질식해가던 선교신학은 '삼위일체 하나님의 선교' 관점을 통해 새로운 돌파를 경험했다. 이는 계몽주의적 신학의 한계를 극복한 바르트 신학의 영향이 컸다. 선교는 하나님의 본성으로부터 흘러나오는 것이며 삼위일체 하나님의 보내심이 선교의 본질이라는 바르트의 관점을 선교학 토론에 도입한 것이다. 그는 선교의 토대를 교회론이나 구원론이 아니라 하나님 자신의 활동에 둘 것을 촉구했고 특히 초기 기독교에서는 선교라는 용어가 삼위일체 하나님의 보내시는 행위를 의미했음을 일깨워주었다. 그리고 이 보내심의 목적은 피조세계 전반의 회복이라는 보다 큰 틀을 지향한다. 바르트의 삼위일체 하나님 중심의 선교 이해는 여러 해 뒤 1934년에 바젤선교회 대표였던 칼 하르텐슈타인(Karl Hartenstein)에 의해 하나님의 선교라는 용어로 발전되었다(오트 2017, 173). 이 개념이 선교 현장의 토론에 적용되기 시작한 것은 1952년 빌링겐 국제선교협의회 대회였다.

하나님의 선교 개념은 기존의 교회 중심적 선교관의 한계를 극복하고자 하는 당시 선교학계의 요구와도 맞아떨어졌다. 확장적 개념에 입각한 근대 선교운동은 효율성의 면에서 대단히 성공적이었고 그 결과 전 세계 거의 모든 곳에 교회들을 세울 수 있었다. 그런데 문제는 그 다음이었다. 교회들이 세워지면 자동적으로 하나님의 나라가 성취될 것이라 기대했으나 현실은 그렇지 못했기 때문이다. 서구 사회 자체가 이 모순을 안고 있었고 교회가 빠르게 성장하는 많은 비서구 지역의 상황도 크게 다르지 않았다. 무엇보다 기독교 세계였던 유럽에서 벌어진 제 1, 2차 세계대전의 참혹한 현실은 이 질문에 대한 답을 찾는 것이 시급한 과제임을 일깨우고 있었다. 이런 상황에서 하나님의 선교 개념은 선교 이해에 새로운 지평을 열어주었다.

거부, 그리고 분리

'하나님의 선교' 관점이 다 긍정적이었고 모든 선교 지도자들이 환영한 것은 아니었다. 무엇보다 회심과 선교의 영적 차원에 대한 관심이 약화될 위험이 있었고 피조세계 변혁에 대한 지나친 강조는 교회개척 중심의 선교를 부정적으로 보게 할 가능성이 있었다. 교회의 성장과 확장이 없는 세상의 변혁은 공허한 구호에 그칠 수밖에 없다. 또한 세상의 변혁에 대한 강조는 선교를 교회들이 이미 존재하는 지역 중심으로만 보게 만드는 경향이 있다. 자연스럽게 아직 복음이 전파되지 못해 생명력 있는 교회가 존재하지 않는 미전도지역은 선교 논의에서 제외되었다. 이런 점들로 인해 복음주의적 성향을 가진 선교학자, 선교지도자들 가운데 하나님의 선교에 대한 부정적 반응이 서서히 커지고 있었다.

하나님의 선교에 대한 논의가 절정이었던 1968년 세계교회협의회(WCC) 웁살라 대회에 대한 맥가브란의 비판이 이를 잘 보여준다(McGavran 1972, 233-45). 웁살라 대회에 참석한 뒤 맥가브란은 이 대회에서 외친 '하나님의 선교'에 대한 문제점을 다음 몇 가지로 요약했다. 먼저 대회 기간 중 십자가 구속의 복음이 거의 언급되지 않았다. 선교라는 용어가 수없이 사용되었지만 대부분은 불신자의 회심과는 무관하게 사용되었다. 타종교와의 대화, 사회의 개혁은 강조되었으나 이에 반해 복음 선포의 긴급성은 주된 논의의 밖으로 밀려났다. 마지막으로 전 세계에는 아직도 복음 듣지 못한 20억의 영혼이 존재하고 있는 상황이지만 이들을 향한 복음증거의 필요성에 대한 언급이 없었고 이를 위해 반드시 필요한 전문 선교단체는 비판의 대상으로 전락되고 있었다. 세계교회협의회가 주장하는 하나님의 선교는 점점 복음주의의 핵심가치인 복음증거와 교회개척을 거부하는 논리로 퇴색되고 있었다. 이런 상황에서 복음주의 진영은 점점 에큐메니컬 진영과 멀어지고 있었다.

'20억'이라는 말은 '그리스도에 대해 들어본 적이 없거나 그분을 주님과 구세주로 믿을 진정한 기회가 없는 수많은 사람들, 적어도 20억'을 의미한다. 엄청난 수의 사람들이 하나님의 말씀의 기근 속에서 살다가 죽고 있다. … 교회가 인류에 대한 인도적 의무를 이행하고, 정의로 실천하고, 연민을 나타내기 위해 계획을 세우고 역량을 집중해 군대를 집결시키고, 구제와 해방을 위한 캠페인을 수행해야 하지만 동시에 20억을 향한 주님의 명령에도 귀를 기울여 순종해야 한다. 베트남, 남아

프리카 공화국, 요르단, 부헨발트, 리우데 자네이루나 디트로
이트의 빈민가에서 겪는 수백만 명의 고통에 대해 교회가 분
노하고 연민하는 것이 정당하다면, 깊은 영적 어둠 가운데 고
통하는 20 억 명의 영혼들을 하나님의 빛 가운데로 인도하는
일을 위해서 우리는 얼마나 더 헌신해야 하겠는가?(McGavran
1972, 233)

세계교회협의회 선교운동의 문제점에 대한 맥가브란의 지적은
이후 1974 년 제 1 차 로잔 세계복음화대회의 주요 배경이 된다.
한편 '복음을 들은 기회 자체가 없는 20 억'에 대한 호소는 후에
미전도종족 선교운동으로 발전되었다.

제 1 차 로잔 세계복음화대회에서 복음주의 진영은 전도와 사회
참여 모두를 선교로 정의하면서 하나님의 선교 개념을 일부 수용
했지만, 동시에 '전도의 우선성'을 명시함으로써 전통적 복음주의
선교관을 유지할 것임을 분명히 했다. 맥가브란의 교회성장 운동
과 랄프 윈터가 주장한 미전도종족 선교전략을 중심으로 전통적인
선교운동의 맥을 이어갔다. 이로써 개신교 선교운동은 에큐메니컬
진영과 복음주의 진영, 둘로 나뉘게 되었고, 이 긴장 관계 속에서
하나님의 선교 개념은 복음주의 선교운동과는 점점 멀어지고 있었
다.

재해석과 수용

그런데 21 세기에 들어와 '삼위일체 하나님의 선교' 개념이 다시

복음주의 선교 이해의 중심이 되고 있다. 이를 공식화한 것은, 앞에서 언급한 세계복음주의연맹의 이과수 선교회의(1999)였다. 그렇다면 복음주의 진영은 왜 '하나님의 선교'에 대한 거부감을 거두고 다시 이 개념을 받아들이기로 한 것일까?

이러한 움직임의 단초는 1974년 제1차 로잔 세계복음화대회의 결의문인 로잔언약(Lausanne Covenant)에 이미 포함되어 있었다. 전통적인 전도와 교회개척을 강조한 것은 맞지만, 그렇다고 하나님의 선교에 대한 관점을 모두 부정한 것은 아니었다. 로잔언약의 제1항 "하나님의 목적"을 통해 이를 엿볼 수 있다.

> 우리는 세계의 창조자이시며 주되신 영원한 한분 하나님 곧 성부, 성자, 성령에 대한 우리의 신앙을 확인한다. 하나님은 그의 뜻의 목적에 따라 만물을 통치하신다. 그는 자기를 위하여 세상으로부터 한 백성을 불러내시며 다시금 그들을 세상으로 내보내시어 그의 나라의 확장과 그리스도의 몸의 건설과 그의 이름의 영광을 위하여 그 부름 받은 백성들을 그의 종들과 증인이 되게 하신다(로잔언약 제1항. "하나님의 목적").

로잔언약은 선교가 삼위일체 하나님의 목적을 담아내는 것이며 그 내용은 하나님 나라의 확장과 몸된 교회의 건설, 그리고 하나님 이름의 영광임을 분명하게 밝히고 있다. 비록 "전도는 교회의 최우선적 사명"이라는 전제가 뒤따르긴 했지만,[4] "그리스도인의 사회적 책임"(제5항)에서는 전도와 함께 사회참여 역시 그리스도인의 당연한 의무로서 선교의 본질로 받아들였다. 이는 로잔언약 작성을 주도한 존 스토트(John Stott)가 하나님의 선교를 복음주의 그릇 안에 담으려고 노력한 결과였다.

한편 복음전도(교회개척)와 세상의 변혁, 두 영역 모두의 통합을 주장한 또 다른 학자는 레슬리 뉴비긴이다. 에큐메니컬 운동을 이끈 지도자였지만 그는 이 운동이 지나치게 세상의 변혁에 치우친 것을 비판하면서 교회의 중요성을 회복해야 한다고 강조했다. 이러한 관점은 그의 책 『오픈 시크릿』(The Open Secret)을 통해 엿볼 수 있다.5

> 선교는 하나님의 것이지 우리의 것이 아니라는 사실을 강조하는 일은 꼭 필요하지만 오해의 소지도 있다. 1952년에 빌링겐에서 열린 세계선교대회는 이 점을 크게 강조했다. 이 집회 이후에 나온 선교에 관한 글들은 '하나님의 선교'라는 용어를 많이 사용했다 그런데 이 용어는 때때로 교회의 역할을 과소평가하기 위한 의도로 사용되기도 했다. 만일 하나님이 진정한 선교사라면, 우리의 본분은 교회의 선교를 촉진시키는 일이 아니라 세상에 나가서 "하나님이 세상에서 행하고 계신 일"을 파악하고 그분과 힘을 합치는 일이라고 보았던 것이다. … 이로 말미암아 마오쩌둥의 '어록'이 새로운 경전이 되다시피 하는 현상까지 일어났다(뉴비긴 2012, 43-44).

뉴비긴은 이 책의 열 개의 장(章) 중 절반을 삼위일체 하나님의 선교에 할애할 정도로 하나님의 선교가 선교의 본질임을 역설했다. 동시에 이 세상에서 하나님의 선교를 수행하는 주체로서 교회의 중요성도 동일하게 강조했다.

존 스토트나 레슬리 뉴비긴은 각기 다른 진영을 이끄는 지도자였지만, 양 극단의 한계를 극복할 수 있는 새로운 관점의 필요성을 역설했고, 복음전도와 사회적 참여가 하나로 통합되는 관점으로서 삼위일체 하나님의 선교를 지향하고 있었다.

21 세기에 들어서면서 두 진영은 서로 상대방의 관점을 수용하는 쪽으로 변화되고 있다. 에큐메니컬 진영은 교회에 대한 중요성을 무시한 결과로 교회가 급격히 약화되었다. 이런 상황에서 선교 지도자들은 "만일 하나님의 백성이 없다면 누가 하나님의 선교를 이 땅에서 수행할 것인가?" 라는 질문 앞에 설 수밖에 없게 되었다. 한편 복음주의 진영은 1950 년대 제기되었던 도전 앞에 다시 서게 되었다.

교회들을 많이 세우고 기독교인의 비율의 증가에도 불구하고 세상이 변화되지 않는다면 과연 이것이 하나님이 원하시는 바른 선교인가?

복음주의 진영이 직면한 도전을 잘 보여주는 최근 사례가 있다. 아프리카 르완다에서 일어난 사건이다.

1994 년 4 월 6 일, 후투족 출신 르완다 대통령 하비아리마나

(Juvénal Habyarimana)를 태운 전용기가 공격을 받아 추락했는데 이를 계기로 일부 극단주의적인 후투족이 투치족에 대한 학살을 시작하면서 인종대학살 사태가 발생했다. 인류 역사상 가장 짧은 기간 동안 가장 많은 사람이 죽은 사건이었는데 3개월 만에 100만 명에 이르는 사람이 목숨을 잃었다. 이 사건을 보도한 *Chicago Tribune* 지는 당시 상황의 참혹함을 다음과 같이 묘사했다.

> 후투족은 큰 칼을 차고 이웃과 동료를 살해했다. 신부는 교회로 숨어든 도주자들을 처단했고, 교사는 학생을 살해했다. 수천 명에 달하는 여성이 강간당했으며, 아이들은 화형을 당하거나 수장당했다.

사태가 발생할 당시 르완다는 전 인구의 95%가 기독교였다. 기독교화라는 관점에서 보면 르완다는 가장 성공한 선교 현장이었다. 사회 전반이 기독교화되었고 사회 구성원 대부분이 기독교인이었다. 그런데 어떻게 그토록 잔악한 살육이 벌어질 수 있었는가? 이 사태는 교회개척 중심의 복음주의 선교관에 의문을 던졌고 삼위일체 하나님의 선교 개념을 다시 고민하는 계기가 되었다.

앞에서 언급했듯이 복음주의 진영이 공식적으로 하나님의 선교 개념을 수용을 결정한 계기는 세계복음주의연맹이 주최한 이과수 선교회의(1999년)였다. 이 회의는 결의문을 통해 "삼위일체 하나님의 선교"의 관점에서 21세기 복음주의 선교가 논의될 것을 천명하였다.

그렇다면 이과수 선교회의에서는 하나님의 선교에 대해 어떤 논의가 있었는가? 결의문 작성에 영향을 미친 두 학자의 설명을 살펴보는 것이 도움이 될 것이다. 한 사람은 남미 페루 출신인 사무엘 에스코바(Samuel Escobar)였고 다른 한 사람은 아시아 스리랑카 출신인 아지쓰 퍼난도(Ajith Fernando)였다. 에스코바는 선교학적 입장에서, 퍼난도는 성서신학적 입장에서 삼위일체 하나님의 선교가 왜 21세기 복음주의 선교학의 핵심 개념이 되어야 하는지를 설명했다.6

에스코바는 지난 세기 특히 1989년 로잔 II 회의 이후 진행된 20세기 마지막 10년 동안 진행된 복음주의 선교학을 지역(유럽, 북미주, 비서구)에 따라 세 개의 흐름으로 요약한다. 첫째, 영국과 유럽 중심으로 진행된 "후기 제국주의적 선교학"이다. 기존의 서구 중심적인 선교학을 제국주의적 선교학으로 규정하면서 이를 비판적으로 성찰했다. 이를 극복하기 위한 대안으로서 비서구 세계를 포함하는 "글로벌 선교학"을 지향한다. 둘째 흐름은, 미국 중심의 "관리적 (경영학적) 선교학"이다. 미국 선교학계는 선교를 사회학적/경영학적으로 접근했으며 이러한 실용주의적 관점은 효율적이긴 하지만 선교운동을 세속화시킨 면이 있다고 평가한다. 마지막으로 피선교지였던 다수세계 교회에서 새롭게 제기되고 있는 "주변부에서 나온 비판적 선교학"이다. 이들은 사회변혁에 대한 관심과 함께 복음전도와 타문화 선교에 대한 역동성을 강조하면서 서구의 선교학과는 다른 모습으로 발전하고 있다고 분석했다. 이 세 흐름은 분리된 채 독립적으로 발전되어 왔으나, 이를 하나로 통합하는 것이 21세기 복음주의 선교학의 과제가 될 것이라 전망하면서 그 통합의 토대는 삼위일체 하나님의 선교 개념이 될 것이라 주장한다.

한편 퍼난도는 성서신학의 관점에서 삼위일체 하나님의 선교 의미를 정리했다. 퍼난도는 삼위일체 하나님의 선교에 대한 성경적 의미를 네 편의 글을 통해 설명했다,[7] 논문의 서두에서 그는 삼위일체 하나님의 선교적 관점이 이제까지의 선교적 이해의 한계를 해결하는 관점이 될 것이라 주장하면서 동시에 삼위일체 하나님의 선교를 이 땅에서 구현하는 주체로서 하나님의 백성, 즉 교회의 중요성을 강조했다.[8]

20세기에 교회가 그 사명을 정의하려는 시도에 있어서 많은 다른 강조점들이 있어 왔다. 보통 각 강조점은 교회의 소명의 중요한 측면들에 초점을 맞추었고 그 결과 종종 다른 중요한 측면들이 소홀히 되었다. 만약 우리가 선교를 삼위일체적 기초에서 본다면, 앞선 시대의 선교에 대한 표현들에 있는 함정들을 피할 수 있을 것이다. 삼위일체적 관점은 우리에게 신격의 본성의 풍부함을 파악하도록 돕는다. 그것을 통해 우리는 하나님께서 교회를 통해 일하시는 방식의 풍부함을 보게 된다. 이 시리즈의 마지막 연구는 삼위일체의 거울로서의 교회를 제시하게 될 것이다(퍼난도 2004, 331).

퍼난도는 21세기 선교 패러다임의 기초로서 삼위일체 하나님의 선교 개념을 성경을 통해 설명했다. 선교는 삼위 하나님의 선교이며 동시에 하나님은 교회를 통해 자신의 뜻을 세상 가운데 펼치신다는 사실을 성경을 통해 설득력 있게 정리했다.

하나님의 선교가 주는 의미

위에서 우리는 20세기 중간에 왜 하나님의 선교 개념이 대두되었고, 그에 대한 반응을 중심으로 왜 에큐메니컬 진영과 복음주의 진영으로 분열되었으며, 이후 복음주의 진영이 어떤 과정을 통해 이 개념을 다시 수용하게 되었는가를 살펴보았다. 이 주제를 마무리하면서 삼위일체 하나님의 선교 이해가 21세기 선교 패러다임에 던지는 의미들을 정리하면 다음과 같다.

먼저, 삼위일체 하나님의 선교 관점은 (서구) 기독교 확산으로서의 선교 개념을 내려놓고, 창조와 타락, 그리고 회복에 이르는 하나님의 구속사 전체의 관점에서 선교를 조망하도록 도전한다. 21세기 기독교 상황은 18세기 말 윌리엄 캐리가 선교를 외치던 상황과 다르다. 당시에는 기독교인 대부분이 서구에 살고 있었고, 때문에 선교는 서구로부터 교회가 없는 비서구 지역을 향해 복음을 흘려보내는 것으로 이해되었다. 그 일을 담당하는 최전선 일군들은 '자원주의' 선교단체를 통해 파송된 (백인) 선교사들이었다. 선교는 서구에서 비서구를 향해 한 방향으로 흐르는 운동이었다.

그러나 21세기 상황은 완전히 달라졌다. 전 세계 대부분의 지역에 교회들이 세워진 상황에서 교회개척보다는 이 교회들이 피조세계 전반의 회복을 위한 하나님의 선교에 참여하도록 새로운 안목을 열어주는 것이 중요하게 되었다. 이런 점에서 하나님의 선교는 서구 교회와 비서구 교회가 함께 만들어가는 선교의 새로운 안목을 열어주는 유용한 틀이 될 수 있다. 선교는 피조세계 전체의 회복을 위해 동서양 모든 교회가 함께 하나님의 선교에 참여하는 것을 의미한다.

다음으로 삼위일체 하나님의 선교는, 선교를 하나님이 펼치시는 위대한 이야기(Grand Narrative)이며 동시에 이 드라마에 참여하는 하나님의 백성들의 이야기임을 일깨운다. 성경을 '하나님의 선교'와 '하나님의 백성의 선교' 이야기로 읽을 수 있도록 해 준다. 그리고 교회는 이 이야기 속에서 자신의 (선교적) 정체성을 발견한다. 최근 선교적 성경읽기 (또는 선교적 해석학) 운동이 확산되고 있는데 이 운동은 성경을 하나님의 선교의 관점으로 읽는 것을 의미한다.

셋째, 삼위일체 하나님의 선교는 교회의 본질에 대한 새로운 관점을 일깨운다. 교회는 하나님의 선교를 감당하도록 하나님이 세상 속으로 파송한 존재이므로 교회는 본질적으로 삼위일체 하나님의 선교에 참여하는 '선교적' 존재다. 하나님의 선교는 영혼구원과 교회 확장을 넘어 하나님의 피조세계 전체의 회복을 지향하는 '선교적 교회'에 대한 이해를 돕는다. 하나님의 선교는 교회론에 대한 새로운 통찰을 제공한다.

마지막으로 하나님의 선교는 세계화된 기독교의 타문화 선교운동이 새로운 정체성을 덧입을 수 있도록 돕는다. 21 세기 선교는 지구촌의 모든 교회들이 함께 참여하는 새로운 선교 패러다임을 요구하고 있다. 우월한 문명과 재정적 힘을 앞세워 진행되던 크리스텐덤 방식은 적용되기 어렵다. 비서구 교회들에게는 그런 자원이 없기 때문이다. 이런 상황에서 하나님의 선교는 전 세계 모든 교회가 함께 할 수 있는 새로운 선교 패러다임을 위한 틀이 될 수 있다.

이를 위해 바울의 선교방식을 연구할 필요가 있다. 선교사로서 바울은 선교사역을 위해 어떤 학교나 선교센터를 세운 적이 없었고 본국으로부터 막대한 재정을 가져와 예배당을 건축하지도 않았다. 오히려 그는 약하고 초라한 자로서 선교지로 들어갔다. 자신의 약함을 자랑한다고 했는데 그 이유는 약함을 통해 하나님의 능력이 드러났기 때문이다. 약함을 통한 선교를 도전하고 있는데 이것이 바로 하나님의 선교의 또 다른 비밀이다.

번역 가능한
복음

번역은 복음의 본질이다

21 세기 선교를 이해하기 위한 또 다른 기둥은 '번역 가능한 복음'이다. 21 세기의 세계화된 기독교와 그 위에서 전개되는 선교운

동을 제대로 알고자 한다면 번역 가능한 복음에 대한 이해가 반드시 필요하다. 복음은 (새로운 문화와 상황 속에서) 지속적으로 번역되어야 하며 그 결과로 다양한 기독교 정체성으로 거듭나야 한다. "복음의 번역?" 생소한 말이라 이해하기 쉽지 않을 수 있다. 먼저 이런 질문이 떠오를 것이다. "복음은 불변하는 진리 아닌가? 복음을 번역하는 것은 복음의 변질과 뭐가 다른가? 다른 문화와 언어 속에서 번역하게 되면 복음의 내용이 바뀌는 것 아닌가?" 당연한 질문이다. 그래서 먼저 "번역 가능"하다는 말이 무슨 의미인지 납득되어야 한다.

"복음은 번역 가능하며 실제로 기독교 역사 내내 번역되어 왔는가?" 그렇다. 기독교 역사는 지속적인 복음의 번역 과정이었다. 번역으로 인해 복음의 변질이나 기독교의 붕괴로 이어지지 않았을 뿐 아니라 오히려 복음에 대한 이해가 더 깊어졌고 넓어졌다. 교회가 성장하고 더 많은 이들이 하나님의 구속 가운데 들어올 수 있게 했다. 번역으로 인해 교회의 외적 형태나 내적인 정체성이 변화되고 그 결과 기독교가 여러 종파로 나뉘기는 했지만, 완전히 다른 종교로 변질되지는 않았다. 기독교 역사는 번역의 역사이고, 그로 인해 서로 다른 여러 형태의 교회로 변화되어 왔음을 이해하는 데 선교 역사학자 앤드류 월스(Andrew Walls)의 아래 이야기가 도움이 될 것이다.

유구한 삶을 사는 박식한 외계인이 있는데 행성 간 비교종교학을 가르치는 교수라고 하자. 그가 몇 세기마다 현지 조사를 위하여 지구를 방문한다. … 주후 37 년쯤 처음으로 지구를 방문해 예루살렘에 있는 첫 기독교 집단을 보게 되었다. 그는 그들이 모두 유대인이라는 점을 알고 있다. 그들은 유대인만 들어갈 수 있는 예루살렘 성전에서 집회를 가진다. 또 동물을 제물로 바친다. 그들은 일곱째 날을 일하지 않는 날로 꼬박꼬박 지킨다. 사내아이들에게는 할례를 시행한다. … 이 방문객이 다음에 지구를 찾아온 때는 주후 325 년쯤이다. 그는 교회 지도자들의 큰 모임에 참석한다. 니케아 공의회인 것 같다. 참석자들의 면면을 보니 전 지중해 지역과 그보다 먼 지역에서 온 사람들인데, 그들 가운데 유대인은 한 명도 없다. 오히려 그들은 전체적으로 유대인들에게 적대적이다. 그들은 동물을 제물로 바친다는 생각조차 끔찍하게 여긴다. … 그들이 현재 몰두하고 있는 문제는 성자의 신성이 성부와 동일 본질(homo-ousios)인가 아니면 유사 본질(homoi-ousios)인가 하는 문제에 대한 것이다. … 그리고 3 세기 정도가 더 지나 아일랜드를 방문했을 때 전에 느꼈던 이상한 느낌은 더 강렬해졌다. 많은 수도사들이 바위투성이 바닷가에 모여 있다. 어떤 수도사들은 얼음처럼 차가운 물 속에 목까지 차도록 몸을 담그고 서서 시편을 읊조리고 있고, 어떤 수도사들은 두 팔을 펴서 몸을 십자가 모양을 하고는 꼼짝하지 않고 서서 기도하고 있다. … 우주인의 다음 방문은 1840 년대에야 이루어진다. 런던에 와 보니 엑스터 홀에 모인 많은 군중이 아프리카에 기독교와 상거래와 문명을 전파하는 일이 얼마나 바람직한 가에 대한 연설들을 들으며 흥분하고 있었다. 연설자들은 선교를 위해 성경과 목

화씨로 무장한 선교사들을 6천 킬로미터 떨어진 곳으로 보내
자고 제안하고 있었다. … 그 우주인은 1980년에 다시 지구를
방문하는데, 이번에는 나이지리아 라고스였다. 흰옷을 입은
한 무리가 교회당을 가면서 거리를 누비며 춤추고 노래하고
있다. 그들은 사회 곳곳에 자신들이 그룹(cherubim)과 천사라고
광고하고 다닌다. 사실 그들은 자신들의 예배에 참석해 하나
님의 능력을 경험하라고 사람들을 초청하고 있다. 그들은 하
나님이 특정한 개인들에게 말씀을 주시며 그 능력은 치유를
통해 드러난다고 주장한다(월스 2018, 29-33).

기독교 역사 속에서 다양한 교회들이 세워졌고 이전의 것과 너
무 달라 도저히 동일한 기독교라고 볼 수 없는 경우도 허다했다.
이를 보여주기 위해 월스는 수천 년 동안 살 수 있는 외계인 학자
를 등장시킨다. 이 이야기를 통해 월스는 우리를 이 외계인 학자의
관점으로 초대한다. 우리는 내가 속한 교회에 몰입되어 있기 때문
에 좀더 넓은 시야 속에서 교회를 보지 못한다. 신앙은 자기가 믿
는 것을 절대화하는 경향이 있기 때문이다. 그런데 조금만 뒤로
물러서면 내가 익숙한 교회도 역사상 등장한 수많은 교회들 중 하
나일 뿐이라는 사실을 발견한다.

월스 교수는 외계인 학자의 입장에 서서 우리가 뭘 보길 원했을
까? 아마도 이런 질문이 아니었을까? 지난 2천년 기독교 역사 속
에 등장했던 다양한 모습의 교회들을 한 자리에 펼쳐 놓는다면 이
들이 과연 동일한 기독교라 할 수 있을까? 첫 두 사례만 비교해

봐도 혼란스럽다. 1세기 예루살렘을 중심으로 모였던 교회들은 겉으로 볼 때 여전히 전통적인 유대 문화의 틀 안에 있었다. 성전에 모였고 할례와 안식일을 중시했다. 모든 구성원이 유대인이었고 이방인이 이 교회 안에 들어오는 것은 용납되지 않았다. 이들은 아직 그리스도인으로 불리지도 않았다. "그 도를 따르는 자들"(행 9:2)이라는 모호한 명칭으로 불리는 이상한 유대인 집단이었다. 그런데 3백년이 채 지나지 않아 교회는 전혀 다른 모습으로 바뀌었다. 할례와 안식일을 강조하는 것은 복음을 배반하는 것이라 여겼고 유대인들은 혐오의 대상이었다. 구약의 율법 대신 헬라 철학적 개념을 사용해 자신들의 신앙을 설명했다. 철학적 개념에 대한 이해가 없다면 기독교 신앙을 이해하기 어려워졌다.

서로 혐오하고 불편해하는 이 두 교회는 동일한 기독교인가? 만일 동일한 기독교라면 도대체 무엇이 그들을 하나의 종교로 묶어 주는가? 월스는 위 이야기가 포함된 "문화의 포로이자 해방자로서의 복음"이라는 논문에서, 서로 다른 교회들이 하나의 기독교로 묶일 수 있었던 근거로 다음 몇 가지 제시한다. 예수 그리스도에 대한 믿음, 동일한 경전 중심의 신앙과 성례, 역사적으로 공유되는 정체성 등이다. 서로에 대한 오해와 비판이 존재하기는 하지만 개신교 내의 에큐메니컬 진영과 복음주의 진영은 서로를 기독교로 인정한다. 로마 가톨릭이나 동방정교도 마찬가지다.

이런 상상을 해 보자. 지난 2천 동안 존재했던 다양한 교회들이 한 시기에 같이 존재한다면 어떻게 될까? 월스가 언급한 다섯 교회들이 동일한 시대, 동일한 지역에 함께 존재한다면 이들은 서로에 대해 어떻게 느낄까? 역사적으로 멀리 떨어진 상황에서 서로를 바라보는 것과는 다른 느낌이었을 것이다. 생각보다 많이 불편하고 무엇이 기독교인가에 대해 혼란스러울지도 모른다.

그런데 이런 상황이 세계화된 21세기 기독교 안에 실제로 벌어지고 있다. 복음이 다양한 문화에 뿌리내리게 되면서 이질적이며 때로는 용납하기 어려운 모습의 교회들이 세계 곳곳에서 일어나고 있고 이들은 세계화 현상 속에서 마치 옆 마을처럼 가깝게 서로 연결되고 있다. 이런 상황에서 서로의 다름을 지적하며 서로 비난하고 증오한다면 기독교 선교는 어떻게 되겠는가? 어쩌면 내부로부터 무너질 수도 있다. 반대로 복음의 번역 가능성을 수용하고 다름을 하나님 나라의 풍성함으로 이해한다면 교회의 다양성은 교회에 축복이 될 것이고 세상에 더 효과적으로 다가갈 수 있는 복음의 통로가 될 것이다.9 21세기 세계화된 기독교 상황에서의 선교를 위해 '번역 가능한 복음'에 대한 이해가 중요한 이유다.

내가 경험한 복음의 번역

성경에서 '하나님의 아들'이란 표현을 읽게 된다면 무슬림들은 그 즉시 성경을 덮어버릴 거예요. 이 단어는 직역하면 안 됩니다.

태국어 성경을 무슬림 친화적인 이슬람 용어로 개정하는 번역위원회의[10]에서 무슬림 배경 개종자 형제자매들이 한 말이다. 이 컨설팅 회의에 참석한 무슬림 개종자들은 대부분 필자와 성경을 공부하던 사람들이었는데 그들의 입장은 강경했다. 태국어 성경은 예수에 대한 베드로의 신앙고백(마 16:16)에서 예수를 하나님의 아들(*prabut khoeng prajaw*)로 표현하고 있는데 무슬림을 위한 번역에서는 이 표현을 그대로 쓰면 안 된다는 것이었다.

번역 사역을 담당하던 선교사는 두 가지 가능성을 제안했다. 하나는 태국어 성경과 마찬가지로 '하나님의 아들'로 번역하는 것이고 다른 하나는 '기름부음을 받은 거룩한 자'라는 의미의 다소 긴 표현을 사용하는 것이었다. 이번 모임에서 이 둘 중 어떤 단어로 번역할지를 결정해야 했다.

동료인 미국인 R 선교사는 성서신학적 관점에서 하나님의 아들이라는 용어가 당시 유대인들에게 어떻게 이해되었고 또한 헬라문화적 배경의 사람들에게는 어떤 의미였는지를 설명했다. 설명을 들으니 더 헷갈렸다. 예수는 성부 하나님과 동일한 신성을 지닌 분이지만 동시에 두 분은 분명히 구별된 정체성을 갖고 있다. 같은 하나님이지만 동시에 다른 인격체다. 유대인의 세계관 속에서는 하나님에 대한 유일신앙을 타협하지 않으면서 동시에 인간의 육체로 계신 예수를 하나님으로 고백하는 것이 가능했다. 유대인들에게는 논리적 모순이 큰 문제가 아니었던 것으로 보인다. 그런데 헬라인들은 달랐다. 두 분이 서로 다른 인격의 하나님으로 존재하는데 어떻게 유일하신 한 분 하나님으로 신앙고백을 할 수 있는가?

논리적 모순이 있는 상태에서 신앙고백에 동의하는 것은 쉽지 않았다. 결국 헬라의 철학적 개념을 사용해 이 고백의 논리적 모순들을 설명해야 했고 신학적 보완이 뒤따랐다.

"로고스"(요 1:1)가 대표적 예다. 요한복음 1장에 사용된 이 개념을 유대적 세계관을 가진 신자가 읽는다면 어땠을까? 왜 굳이 이방 철학 개념을 가져와 복잡하게 설명해야 하나라고 질문하지 않았을까 싶다.

어쨌든 신학적 배경에 대한 긴 설명이 있은 뒤 참석자들은 자유롭게 자신의 입장을 개진했다. 필자는 헬라어 원어나 태국어 번역처럼 가족관계(아버지와 아들)를 의미하는 단어로 번역해야 한다는 입장이었다. 헬라어 원어가 표현한 아버지와 아들의 관계가 무슬림들을 대상으로 하는 새로운 번역에도 그대로 반영돼야 한다. 무슬림 위한 개정 성경이 사용하는 단어가, 보편적으로 사용하는 태국어 성경과 다르다는 것을 알게 되었을 때 무슬림들이 속았다고 느낄 위험도 있었다.

그러나 무슬림 배경의 개종자 형제자매들은 완강했다. "성경 안에 하나님에게 아들이 있다는 표현이 들어간다면 그 순간 무슬림들은 성경이 하나님의 계시가 아니라고 확신하게 될 것"이라고 말했다. 그리고 질문했다.

당시 베드로가 한 '예수는 하나님의 아들'이라는 고백이 정말 우리가 이해하는 아버지와 아들의 관계를 의미한 것인가? 하

나님이 아버지고 마리아가 어머니이며, 둘 사이의 성적 결합
을 통해 예수가 태어났다는 의미였는가?

물론 아니다. 베드로가 신앙고백할 때 "하나님과 마리아의 성적
결합"이란 생각은 아예 존재하지도 않았다. 유일신 하나님에 대한
신앙이 뼛속까지 배어 있는 베드로는 그런 생각 자체가 불가능했
을 것이다. 야훼 하나님도 하나님이었고 인간의 몸을 입기는 했지
만 예수도 하나님이었다. 그리고 예수를 하나님의 아들로 고백했
다. 그리고 아무 문제도 없었다. 그렇게 체험했기 때문이다.11
한국적 상황은 어떤가? 한국인 신자 중 예수의 신성이 '동일본
질'인가 아니면 '유사본질'인가를 고민하고 예수를 믿기로 결단한
사람이 얼마나 될까? 아니 이 개념을 알고 있는 신자가 얼마나 될
까? 나는 어땠나? 예수 믿게 될 당시 예수님은 하나님의 아들이라
는 고백이 내게 문제가 되었었나? 당시 꽤 논리적 사고를 하고 있
었지만 필자는 이 고백에 대해 어떤 어려움도 느끼지 못했다. 부활
하신 예수를 기도 가운데 만났고 그분을 하나님으로 고백한 사도
들, 앞선 신자들의 고백과 내 경험이 동일했기에 망설임 없이 예수
를 나의 주, 나의 하나님으로 받아들였다. 대부분은 한국인 신자들
이 필자와 비슷하지 않을까 싶다.
이슬람 상황에서 하나님의 아들을 어떻게 번역할 것인가? 라는
이슈는 태국에서만의 문제가 아니었다. 여러 이슬람 지역에서 문
제 제기가 있었다. 아래 내용은 시간적으로 조금 뒤에 작성된 문서

이긴 하지만 위클리프성경번역선교회(WBT)의 요청에 따라 2013
년 세계복음주의연맹(World Evangelical Alliance)이 이 쟁점에 대해 내
놓은 보고서의 일부이다.

세계복음주의연맹(WEA)의 패널(이하 '패널')들은 '아버지'와 '아
들'에 해당하는 단어가 아버지 하나님과 하나님의 아들을 지
칭할 때 이 단어들은 항상 독자들의 언어적, 문화적 맥락 내에
서 가장 직접적으로 같은 의미의 가족 단어로 번역될 것을 권
장합니다. '아버지'와 '아들'에 대한 단어가 여럿 있는 경우, 번
역자는 대상 언어의 의미에 비추어 가장 적합한 한 단어를 선
택해야 합니다. … 이슬람 문화에 의해 형성된 언어에서는 이
단어가 오해될 가능성이 크며 이는 독자의 복음 이해에 해로
울 수 있습니다. 따라서 이 경우 패널은 오해를 피하기 위해
번역가가 아버지와 아들에 대한 직접 번역된 단어에 한정어
그리고/또는 구절(설명 형용사, 상대절, 전치사 구 또는 이와 유사한 수식
어)를 추가하는 것을 권장합니다(WEA Panel 2013, 6).

세계복음주의연맹은 가능하면 가족적 관계를 의미하는 단어로
번역할 것을 권했지만, 이슬람 문화의 독특한 상황을 고려해 추가
의 설명을 덧붙일 수 있다는 여지를 동시에 남겼다.
　우리 위원회의 최종 결정은 "기름부음을 받은 거룩한 자"였다.
이후 (무슬림을 위한) 태국어 개정판은 위원회가 결정한대로 "기
름부음을 받은 거룩한 자"로 번역되어 출판되어 무슬림 전도를 위

해 배포되었다. 무슬림 개종자 형제자매들의 의견이 반영된 것이다. 개인적으로 이 결정에 동의하지는 않지만, 이 논의에 참여하면서 필자가 배운 것이 있다. 하나는 태국성서공회를 대표해 참석한 태국인 학자의 태도였다. 그는 '하나님의 아들'이란 고백은 하나님과의 특별한 관계를 의미한 것이므로 그 의미를 담을 수 있는 다른 용어 사용에 찬성했다. 성서학자로서 그의 융통성이 인상적이었다.[12] 다른 하나는 동료 서구 선교사들의 반응이었다. 그들은 신학적으로 미흡한 현지인들, 특히 무슬림 배경의 태국인 개종자 형제자매들의 견해를 경청하고 존중하는 태도를 보였다. 복음에 대한 치명적 손상이 없다면 가능한 한 현지인들에게 주도권을 주려 했다.

개념적 정의

이제 '복음의 번역 가능성'이 의미하는 바에 대해 살펴보자. 먼저 번역의 의미를 생각해 보자. 번역(飜譯)이란 무엇인가? 사전적 의미는 "한 언어로 표현된 글이나 말을 의미의 변경 없이 다른 언어로 옮기는 것"이다. 여기서 중요한 것은 "의미의 변경 없이"다. 번역은 변경되면 안 되는 의미가 있음을 전제한다. 원래 본문에 담겨있던 의미를 훼손하지 않으면서 동시에 새로운 언어로 그 의미가 전달되도록 하기 위한 과정이 바로 번역인 것이다. 그러므로 바른 번역은 반드시 두 가지 요소를 포함해야 한다. 하나는 의미(meaning)의 '보전'이고 다른 하나는 형태(form)의 '변경'이다. 번역은 새로운 언어와 표현으로 바뀜을 의미하지만 그럼에도 의미는 새로운 상황에서도 보전되어야 한다. 즉 번역은 언어와 언어를 넘나들더라도 그것을 초월하여 유지되고 보전되어야 할 의미가 있음을 전제한다.[13]

한편 번역은 '변경'이다. 이전 텍스트가 담고 있던 내용을 새로운 언어의 틀 안에 담기 위해서는 어느 정도의 변경을 피할 수 없다. 다른 언어로 표현된 의미는 절대 이전의 언어가 표현했던 것과 동일할 수 없다. 그 언어를 감싸고 있는 문화가 다르기 때문이다. 번역은 어쩔 수 없이 형태와 뉘앙스, 내용의 변경을 수반한다. 자칫 잘못하면 번역(飜譯)이 아니라 반역(反逆)이 될 수 있다. 그럼에도 하나님은 언제나 자신의 메시지를 우리가 알아들을 수 있는 언어나 형태로 번역해 소통하셨다. 성령의 강림과 함께 각 민족의 방언으로 하나님의 복음을 번역해 선포하게 하신 오순절 사건은 시사하는 바가 크다.

그렇다면 성경 기록 중 번역의 과정을 거친 사례들이 있을까? 복음서에는 문화적 상황이 달라짐에 따라 그 표현이 바뀌는 여러 번역의 예들이 포함되어 있다. 중풍병자 치유 사건에 대해 기록한 마가복음 2:4 과 누가복음 5:19 의 차이점이 그 한 예다. 성경의 기록 과정에도 의미의 보전과 형태의 변경이라는 번역의 과정이 있었음을 보여주는 좋은 사례다.[14]

네 친구가 중풍병자를 침상에 뉘여 데리고 왔는데 많은 사람들로 인해 예수 앞으로 갈 수 없게 되었다. 그러자 네 친구는 지붕에 구멍을 내서 중풍병자를 그 구멍으로 내려 보내 치유를 받도록 했다. 그런데 지붕에 구멍을 낸 것은 동일하나 그 방법에 대해서는 마가복음과 누가복음이 다르게 표현하고 있다. 마가복음은 지붕을 "파서" 구멍을 만들었다고 기록한 반면, 누가복음은 기와(타일)를 "들어내" 구멍을 만들었다고 기록하고 있다. 사건이 발생한 갈릴리 지역 유대 가옥 구조에 따르면 마가의 기록이 더 정확하지만, 누가의 기록은 당시 복음서의 주된 독자들이었던 이방인들의 가옥 형태(타일을 올려 지붕을 얹음)에 맞도록 번역의 과정을 거친 것이다. 구멍을 내서 중풍병자를 예수님 앞으로 내려놨다는 점은 동일하므로 그 의미는 변하지 않았지만, 구멍을 내는 구체적 행위는 다르게 묘사됨으로써 표현의 변경이 있었던 것이다(Cook 2010, 41-42).

유사한 사례를 한국어 성경에서도 찾을 수 있다. 마태복음 4:4(사람이 떡으로만 살 것이 아니요 하나님의 입으로부터 나오는 모든 말씀으로 살 것이라)이 그 한 예다. 유대 문화는 빵 문화이기에 원래 이 구절은 '빵'으로 번역했어야 했다. 그런데 당시 한국에는 빵 문화가 없었다. 초기 번역자들은 어쩔 수 없이 이를 '떡'으로 번역했다. 개역판이나 개역개정판도 여전히 떡으로 번역하고 있다. 그러나 최근에 나온 『현대인을 위한 성경』이나 『표준새번역』은 이 구절을 원래 의미대로 다시 '빵'으로 번역하고 있다. 같은 한국어 성경이지만 문화적 변화에 맞도록 '빵'이 '떡'으로, '떡'이 다시 '빵'으로 바뀐 것이다.

문화적 경계를 넘어 땅끝으로 향하는 선교적 여정이 지속되는 한 번역의 과정은 피할 수 없다. 예를 들어, 이슬람 지역의 언어로 성경을 번역할 때 저들의 절대자 호칭인 '알라'를 성경 번역에 적용할 것인가? 라는 문제를 생각해 보자. 무슬림 지역에서 사역하는 많은 선교사들은 성경의 하나님을 소개할 때 '알라'를 사용한다. 그러나 한국처럼 이슬람 문화와 거리가 먼 지역에서는 성경의 하나님을 '알라'로 번역해 사용하는 것을 혼합주의적 타협이라 보는 경향이 강하다. 한편 아랍어를 사용하는 중동 지역이나 인도네시아의 교회들은 수백 년 또는 천 년 넘게 하나님을 '알라'로 번역한 성경을 사용해 왔다.

20세기 말 복음의 번역 가능성 이슈를 처음 제기한 학자는 라민 사네(Lamin Sanneh)다. 그는 복음서에 기록된 예수 그리스도의 가르침들은 예수께서 말씀하신 언어로 그대로 기록하지 않았음을 지적한다. 예수님은 아람어를 주로 사용하신 것으로 알려져 있는데 복음서에 기록된 예수의 가르침들은 코이네 헬라어였다. 당시 교회를 구성하는 대부분의 성도들이 아람어를 모르는 헬라어 사용자였기 때문에 아람어를 헬라어로 번역해 기록한 것이다. 아람어로의 기록을 고집했다면 번역 과정의 내용 왜곡의 위험은 피할 수 있었을지 모르지만 기독교는 팔레스타인 지역의 독특한 종교를 벗어나지 못했을 것이다.

"모든 민족을 제자 삼으라"는 주님의 부탁은 복음을 열방의 언어로 번역해야 한다는 것을 포함하고 있다. "땅끝까지 이르러 증인"되는 일은 우리의 증거가 다양한 문화 형식과 언어로 번역되지 않고는 불가능하다. 천상의 언어란 존재하지 않는다. 복음은 인류가 역사 속에서 형성해 온 모든 언어로 번역되어야 한다. 그리고 이 번역 과정의 절정은 예수 그리스도의 성육신이다. 예수는 인간의 몸을 입고 이 땅에 오셨고 유대 문화 속에서 성장했으며 유대인들이 일상적으로 사용하는 언어를 통해 하나님 나라의 복음을 선포하셨다. 하나님은 언제나 수용자 입장(receptor-oriented)에 서서 소통하셨다(Kraft 1999, 19-21). 오순절 성령이 강림하실 때 성령이 행하신 최초의 사역이 하나님의 복음을 "난 곳 방언으로" 번역하는 것이었다는 점도 되새겨볼 만하다. 기독교는 그 출발부터 번역의 과정과 함께 했다.

역사적 검토

초기 기독교와 번역

> 가라 이 사람은 내 이름을 이방인과 임금들과 이스라엘 자손들에게 전하기 위하여 택한 나의 그릇이라(행 9:15).

다메섹으로 가는 도중에 바울은 부활하신 예수를 만난다. 예수 믿는 자들을 잡으러 가던 여행은 거기서 끝났다. 이제 새로운 과제가 주어졌다. "너는 일어나 시내로 들어가라 네가 행할 것을 네게 이를 자가 있느니라"(행 9:6) 누군가를 보내 바울이 앞으로 무엇을 해야 할지 이를 사람을 보내겠다는 말씀이었다. 같은 시간 주님은 아나니아를 불러 자신이 이른 말을 바울에게 전하라 명하셨다. 바울은 삼일 동안 눈이 멀었고 아무것도 먹지 못했다. 그의 생각은 오직, "누군가를 보내 내게 알려주실 주님의 뜻이 무엇일까?"에 집중되어 있었을 것이다. 삼일이 지나고 드디어 아나니아가 왔고 그는 주님이 하신 말씀을 전했다. "너는 내 이름을 이방인과 임금들과 이스라엘 자손에게 전하기 위해 택한 나의 그릇이다"(행 9:15). 이 말을 들었을 때 바울은 무슨 생각을 했을까?

예수의 이름을 이방인에게 전하라고?

첫 반응은 이해하기 어려웠을 것이다. 다음에 드는 생각은 염려였을 것이다. 랍비요 유대인 선생이었던 바울은, 예수를 이방인에게 전하는 것에 대해 유대인들이 어떻게 느낄지 알고 있었다. 실제로 사역기간 내내 그는 유대인들의 미움을 받았고 살해 위협에 시달려야 했다. 신학적으로도 힘든 도전이었다. 유대 문화적 배경이 없는 이방인들이 과연 대속의 의미나 믿음의 중요성을 이해할 수 있을까? 그러나 주님은 분명하게 이방인들을 구원하기 위해 바울을 부르셨다고 했다. 바울은 모든 난관을 뚫고 이방인들이 주님의 나라에 들어올 수 있는 길을 열어야 했다.

바울이 가야 했던 길은 처음부터 교회에게 주어진 과제였다(행 1:8). 복음은 팔레스타인 지역을 벗어나 '땅끝'으로 향해야 했다. 많은 어려움이 있었지만 그 길은 열렸고 열방의 사람들이 교회로 들어왔다. 성령, 바울 그리고 안디옥 교회와 같이 고정관념을 뛰어넘은 소수의 용감한 도전자들 덕분이었다. 스티븐 베반스는 이 과정을 유대교적 기독교(Jewish Christianity)에서 이방인 기독교(Gentile Christianity)로의 패러다임(또는 정체성)의 전환으로 설명한다. 사도행전 11 장에 등장하는 안디옥 교회가 결정적 분기점이었다. 이 교회는 이방인으로 구성되었고 교회 조직이나 예배 방식, 더 나아가 주요 고백의 헬라어 번역 과정을 통해 유대 문화와 결별한다. 새로운 형태의 신앙공동체가 시작된 것이다. '그리스도인'이란 새로운 명칭을 얻게 된 것은 이들이 유대교적 정체성에서 벗어났음을 보여주는 확실한 증거다(베반스 & 슈레더 2007, 88-90).

번역의 여정으로서 선교역사

앞에서 언급한 앤드류 월스의 외계인 종교학자의 이야기에서 봤듯이 기독교 역사에 나타난 교회들은 다양한 모습이었다. 때로는 서로 적대적인 태도를 보이기도 했다. 번역 가능한 복음의 결과다. 그렇다면 복음의 번역 가능성은 교회 역사를 어떻게 바꿔왔는가?

기독교가 로마 제국의 국가 종교로 받아들여진 이후 복음의 번역 가능성에 대한 원칙을 제시한 최초의 지도자는 교황 그레고리 1 세(Gregory the Great)였다. 그는 켄터베리 아우구스티누스와 일단의 수도사들을 앵글로색슨 종족 선교를 위해 파송했다. 아우구스티누스와 그가 이끄는 수도사 일행은 영국 복음화의 길을 개척하면서 이교의 전통과 관련된 복잡한 문제들을 직면한다. 그들은 교황청에 이와 연관된 질문을 보냈다. 이교도 신전을 부숴야 하는가 아니면 기독교 예배당으로 전환해 사용해도 되나? 이교도의 축제일들을 없앨 것인가 아니면 기독교적 의미로 바꿔 유지할 것인가? 이 질문에 내해 교황 그레고리 1세는 다음과 같이 답을 보낸다.

이 사람들의 이교 신전을 파괴할 필요는 없고, 거기 있는 우상들만 치우면 된다. … 튼튼하게 잘 지어진 신전이라면 마귀를 섬기는 용도가 아니라 참되신 하나님을 경배하는 곳으로 개조해서 사용하는 것도 좋은 생각이다. … 그곳 주민들이 마귀에게 제사를 바치려고 모여서 황소를 죽이는 풍습이 있으므로 그런 풍습 대신 축제일을 정해주는 것이 좋을 것이다. … 무지한 심령들에게서 모든 악습을 한꺼번에 잘라내기란 불가능하다. 높은 산에 오르려는 사람이 껑충껑충 뛰어서 오르는 게 아니라 한 걸음 한 걸음 속도 조절을 해 가며 오르는 것과 마찬가지 이치다(터커 2015, 74).

복음을 이교도 문화 속에 심기 위해, 토착문화를 모조리 말살하고 백지(tabula rasa) 위에 새롭게 쓸 필요는 없다. 이는 본질적으로 불가능할 뿐 아니라 성경적이지도 않다. 그럼에도 밀어붙인다면 현지인들은 겉으로는 기독교를 따르지만 은밀하게 예전의 토착신앙을 유지하게 될 것이다. 그 결과는 혼합주의로 귀결될 것이다. 교황청은 이 질문에 대해 지혜로우면서 성경적인 답변을 제시했다. 기존 문화를 (완전히 없애 버리기보다는) 복음 안에서 정화시키고 그 틀 위에 복음을 새롭게 담을 것을 제안한 것이다. 교황 그레고리 1세에 의해 제기되었던 토착문화 수용(accommodation) 원칙은, 16세기 초 설립된 예수회(Jesuit)에 의해 타문화 선교현장에 적극적으로 적용되었다.

16세기에 시작된 종교개혁 역시 유사한 시도였다. 개혁자들은 라틴어와 헬라어 성경을 지역 언어로 번역하는 일에 목숨을 걸었는데 그 이유는 이 과정을 통해 복음을 토착문화로 번역하고자 했기 때문이다. 그리고 이 번역 과정을 통해 개신교(Protestant)라는 새로운 기독교 정체성이 형성될 수 있었고 이것이 종교개혁 성공의 비밀이었다. 종교개혁은 복음이 새롭게 번역되고 교회의 정체성이 새롭게 만들어질 수 있음을 보여주는 또 다른 사례다.

데이나 로버트는 16세기의 종교개혁과 그 이후 진행된 선교운동의 본질을 지역화(vernacularization), 즉 복음을 지역 언어와 문화로 번역하는 과정이었다고 요약한다(Robert 2009, 31). 기독교 역사학자 윌버트 쉥크(Wilbert R. Shenk)도 근대 선교운동을 번역의 과정으로 설명한다. 20세기 선교가 성취한 세계화된 기독교는 번역의 과정을 거치면서 다양한 모습의 교회들로 발전했으며 기독교는 서서히 다중심적(polycentric) 형태로 전환되었다(쉥크 2001, 261-76).

가치의 재발견

에스코바는 1999년, "세기의 전환기에서 본 글로벌 시나리오"라는 논문을 통해 20세기 선교가 남긴 이슈들을 정리했다. 총 11개의 이슈들이 언급되었는데 이 중에서 가장 먼저 언급된 것이 바로 '번역 가능한 복음'의 발견이었다. 그 이유를 다음과 같이 설명한다.

> 나는 예수 그리스도의 메시지가 '번역 가능한 것'이라는 사실에 놀랍고 경탄할 뿐이다. 이것은 복음이 문화를 하나님의 계시를 위한 타당하고 수용 가능한 매개체로서 고귀하게 여긴다는 의미이다. 역으로, 이것은 모든 문화를 상대화하는 것이다. 어떤 곳에도 하나님께서 쓰시는 오직 유일한 매개체로 여겨질 수 있는 '성스러운' 문화나 언어는 없다. 히브리어나 아람어조차도 '거룩하지' 않다. 왜냐하면, 우리가 갖고 있는 복음의 원본들은 히브리어나 아람어로부터 1세기의 대중적인 헬라어 형태였던 코이네(koine)로 이미 번역된 것이기 때문이다(테일러 2004, 61).

에스코바는 교회가 탄생하는 그 순간부터 복음은 번역의 과정을 지나고 있었고, 기독교 역사 내내 복음의 번역이 선교운동의 핵심이었다고 주장한다. 성경이 지속적으로 새로운 언어로 번역되었고[15] 그 결과 복음은 문화를 넘어 땅끝으로 계속 확장되었다. 이 과정은 기독교 역사 내내 반복되었고, 세속화, 포스트모더니즘의 영향 가운데 있는 21세기 기독교 선교 현장에서도 복음의 번역이 핵심적 과제가 되고 있다. 번역은 효과적인 복음 전파의 선결조건이다.

'번역 가능한 복음'에 대한 발견이 중요한 또 다른 이유는, '위대한 (선교) 세기' 동안 복음이 전 세계 모든 문화권에 전파되었기 때문이다. 모든 문화권에 복음이 전파될 때, 생각해야 할 것은 바로 문화와 교섭 되지 않은 '순수한' 복음은 없다는 것이며, 문화를 넘어갈 때 하나님의 복음은 언제나 그 문화의 옷을 입고 우리에게 다가온다라는 것이다.[16] 새로운 언어, 문화권에 복음이 전파되면서 번역 과정은 피할 수 없는 도전이었다. 성경의 주요 용어들이 현지 언어로 번역될 필요가 있었고 성경의 주요 가르침들이 저들의 세계관과 현지 문화 속에 자연스럽게 스며들 수 있어야 했다. 이를 위해 토착화, 상황화가 강조되었고, 번역의 영역은 신학화 과정과 기독교 정체성의 재해석으로까지 확대되었다. 번역 가능한 복음에 대한 이해가 21 세기 선교 이해를 위한 핵심적 과제가 된 것이다.

앞에서 언급했듯이 번역 가능한 복음의 개념을 선교학의 주요 개념으로 소개한 개척자는 라민 사네(Lamin Sanneh)다. 사네는 1989 년 미국 선교학회 시리즈 제 42 권으로 출판된 『선교신학의 이해』 에서 처음으로 이 개념을 소개했다. 사네는 이 학회 연례회의에서 처음으로 복음의 번역 가능성에 대해 설명했는데 이는 큰 반향을 일으켰다. 이 회의 참석자 중 하나였던 데이나 로버트는 그때 받은 충격을 다음과 같이 회고한다.

사네(Sanneh)는 ('위대한 세기'의) 선교는 서구 식민주의자들이 주도한 것이 아니라 실제로는 토착적 기독교에 의해 주도되었다고 주장했다. 아시아, 아프리카, 라틴 아메리카 기독교인들은 북유럽과 북미 기독교의 복제품이 아니었다. 자신의 고유 언어로 신앙을 이해했고 그들 방식으로 기독교를 받아들였다. 사네의 책은 미국선교학회의 시리즈물로서 출판되었는데, 그는 학회의 연례모임에서 이 책 내용을 처음 발표했다. 그 모임에서 기독교의 '번역 가능성'(translatability)에 대한 사네의 설명을 들으면서, 또 많은 선교학자들이 그의 책을 게임 체인저(선교의 패러다임을 바꾸는)로 평가하는 것을 보면서 느꼈던 흥분을 지금도 기억한다. 선교를 식민주의의 결과라는 편견으로부터 해방시킴으로써, 사네는 세계 기독교(World Christianity)라고 불릴 새로운 기독교 세계로의 문을 열었다(Robert 2020, 119).

새롭게 열리는 미래

그렇다면 '복음의 번역 가능성'이 21 세기 선교운동에 대해 갖는 의미는 무엇인가?

번역 가능성은 구체적 상황 속에서 하나님의 선교가 발현되도록 안내하는 원리이면서 동시에 '지역적'(local)이면서 '글로벌'(global)한 교회를 형성시켜 오늘날 우리가 경험하고 있는 세계 기독교를 가능케 만든 동력이다. 복음의 번역 가능성은 각 지역마다 건강한 하나님의 백성 공동체를 이루며 이들이 자신의 문화에 맞는 기독교 정체성을 세우도록 해 준다. 번역 가능성으로 인해 복음은 문화적 경계를 넘어 땅끝을 향해 가장 효과적으로 퍼져 나갈 수 있었다. 한편 요한계시록이 보여주는 종말론적 공동체 역시 복음의 번역 가능성을 보여준다. 마지막 날, "각 나라와 족속과 백성과 방언에서 아무도 능히 셀 수 없는 큰 무리가 나와 흰 옷을 입고 손에 종려 가지를 들고 보좌 앞과 어린 양 앞에" 서게 된다. 각 나라와 족속과 백성과 방언에서 각자의 고유한 독특성을 유지한 채 모인 모습은 그간의 선교운동이 번역 가능한 복음을 전했음을 암시한다.

자신학화와 국제적 해석학 공동체

라민 사네보다 앞서 번역 가능한 복음과 관련한 내용을 주장한 복음주의 학자는 선교 문화인류학자인 폴 히버트(Paul Hiebert)라 할 수 있다. 그는 상황화 논의가 문화의 외적 영역에만 적용하는 것을 안타까워하면서 이를 신학의 차원까지 확대해야 한다고 주장했다. 자신학화(self-theologizing) 논의의 필요성을 제기했다.[17] 히버트의 자신학화는 선교학적 토론을 기독교 정체성의 차원까지 확대시켰다는 점에서, 사네의 '번역 가능한 복음"에 관한 논의의 길을 연 선구적 제안이었다. 한편 여러 해 뒤 그는 『선교현장의 문화이해』 (Anthropological Reflections on Missiological Issues, 1994)에서 이를 보완하는 초문화 신학(trans-cultural theology)의 필요성을 주장했다. 이 개념은 21세기 '세계 기독교'가 추구하는, '지역적'이면서 동시에 '글로벌'한 새로운 기독교 정체성 정립 가능성을 제공해 주었다. 폴 히버트는 여러 면에서 21세기 선교학 연구가 바라봐야 할 새로운 지평을 제시했다.

먼저 자신학화에 대한 히버트의 주장을 살펴보자. 선교지에 개척된 교회들이 충분히 성장해 그들 지도자들이 스스로 교회 정치와 선교를 주도하게 되었을 때 선교사들은 어디까지 그들의 주도권을 인정할 것인가? 오랫동안 "삼자원칙" 즉 자전(self-propagation), 자급(self-support), 자치(self-governance) 등이 이 질문에 대한 답변이었다. 그런데 현지 교회가 성장하면서 새로운 질문이 제기되었다. 네 번째 자아(the fourth-self)인 신학적 영역에서의 '스스로 서기' 즉 자신학화 문제였다. 선교지 교회들은 성경을 스스로 읽고 해석하며 자신들의 상황을 담아내는 신학화 과정을 독자적으로 할 수 있는가?

> 자신들의 문화에 보다 적합하다고 주장하는 신학을 현지 지도자들이 발전시켜 나갈 때 우리는 어떻게 반응해야 하는가? 우리가 그들 스스로의 신학을 장려한다면 신학적 다원주의, 더 나아가서 궁극적으로는 상대주의로 가는 길을 열어 놓는 결과가 되는 것은 아닌가? 반면 우리가 반대한다면, 우리는 지극히 잘못된 자문화 우월주의를 내세우는 셈이며 현지 교회의 성장을 가로막는 죄를 짓는 것은 아닌가? 이것이 바로 우리 사역의 본질상 제기하지 않을 수 없는 핵심적인 문제로서, 가볍게 다룰 수 없는 문제이다(히버트 1996, 280).

히버트가 씨름하던 이 고민은 후에 "복음의 번역 가능성"이란 개념을 통해 자연스럽게 해결된다. 번역 가능한 복음에 대한 이해가 토착교회의 자신학화에 정당성을 제공해 주었기 때문이다.

인간이 세운 모든 신학은 문화적 언어적 한계로 인한 오류를 포함할 수밖에 없다. 즉 인간이 세운 모든 신학은 성경의 계시를 온전하게 담아낼 수 없다. 모든 신학은 문화적 편견이 만들어낸 오류를 포함하고 있으며, 때문에 내가 속한 문화권의 신학을 절대화해서는 안 된다.

그런데 이 관점은 한 가지 문제를 제기한다. 자신학화가 자칫 신앙의 상대주의로 변질될 위험성이 있기 때문이다. 그렇다면 이 상대주의의 문제를 어떻게 해결할 수 있는가? 이 질문에 대해 히버트는 비판적 실재론(critical-realism)의 입장을 취한다. 즉 모든 상대적 주장을 평가할 수 있는 객관적 기준(reality)이 존재한다고 믿는 것이다. 히버트는 객관적 기준으로 세 가지를 제시하는데, 하나님의 계시인 성경이며, 교회와 성도들을 진리 가운데로 인도하는 성령의 사역이며, 마지막은 역사적인 하나님의 백성의 공동체, 즉 전 세계 교회의 존재이다(히버트 1997, 131). 특히 세 번째 영역과 연관해 히버트는 전 세계 모든 교회들이 참여하는 국제적인 해석학적 공동체의 형성을 제안한다.

> 지역교회의 신도는 자신의 공동체와 더불어 자기의 성서 해석을 시험해 보아야 하듯이 다른 문화적, 역사적인 장에 있는 교회는 세대를 따라 내려오는 교회와, 교회들의 국제 공동체와 함께 자신들의 신학을 점검해야 한다. 만인제사장설은 해석학적 공동체 안에서 실현되어야 한다. … 결론적으로 특수

한 문화 상황에 있는 교회는 그들의 신학이 어떤 문화적 가정에 의해 강하게 영향받았는지를 점검하기 위해 국제적 교회 공동체의 점검이 필요하다(히버트 1997, 131-32).

히버트는 성경, 성령, 그리고 국제적인 해석학적 공동체, 이 세 가지에 근거하여 다음 그림(히버트 1996, 313)과 같이 각 문화를 초월하는 초문화 신학(transcultural theology)이 가능하다고 보았다.

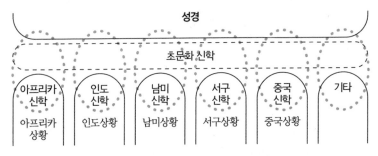

초문화 신학은 문화적 차이를 초월한다

각 지역 기독교 공동체들은 자신들의 고유한 특성을 훼손하지 않으면서 동시에 범우주적 보편 공동체로서 모든 교회들이 공유하는 초문화적 신학을 추구해야 한다.

초문화 신학은 다음 세 가지 유익을 준다. 첫째, 초문화 신학은 각 지역의 토착신학의 오류로부터 교회들을 보호해 준다. 전 세계 그리스도인들이 하나의 지체로 세워지도록 돕는다. 둘째, 지구상의 모든 교회들이 세계선교를 위해 연합과 동역할 수 있는 토대를 제공한다. 마지막으로 각 문화권의 교회들이 세속주의에 오염되거나 자기중심주의의 오류에 빠지지 않도록 보호한다(히버트 1996, 317).
국제적인 해석학적 공동체를 통한 초문화 신학은 21 세기 기독교
가 다양성 안에서 연합을 세워갈 때 지침이 된다.

> 히버트는 "신학하기"는 신성한 과제이며 지구촌화된 신학
> (globalizing theology)이 얼마나 중요한지를 그의 저술에서 반복적
> 으로 그리고 예언적으로 강조했다. 그는 사람들의 하나님과
> 성경을 알고 이해하는 능력을 신뢰했으며, 동일한 성령이 다
> 른 문화권의 신자들의 삶에서도 역사하고 있다고 믿었다. 그
> 가 주장한 "선교적 신학"(missional theology)은 비교적 새로운 개
> 념이므로 이 개념을 통해 그가 말하고자 하는 것이 정확히 무
> 엇인지 가늠하기는 어렵다. ⋯ ("선교적 신학"에 대한 그의 주
> 장은) 최근 선교학의 가장 위대한 예언적 목소리 중 하나로서,
> 떠나기 전 마지막으로 남긴 그의 이 제안을 진지하게 고려하
> 는 것이 마땅하다(Cathcart & Nichols 2009, 219).

넥스트 크리스텐덤

복음의 번역 가능성의 관점으로 21 세기 기독교를 분석한 대표
적인 학자는 필립 젠킨스(Philip Jenkins)다. 복음은 서구라는 특정 문
화 안에 갇힐 수 없다. 기독교 무게중심이 서구 기독교를 떠나 비
서구 세계로 움직이는 21 세기 상황에서 이 명제는 중요한 의미를
가진다. 특정 문화에 의한 독점적 기독교 해석으로는 21 세기의
세계화된 기독교 상황을 설명하기 어렵다. 서구 중심적 신학의 지

배에 대한 비판적 성찰, 자신학화, 지역 신학 또는 상황화 신학을 통해 세계화된 기독교를 새롭게 재해석해야 한다.

필립 젠킨스는 그의 책 『신의 미래: 종교는 세계를 어떻게 바꾸는가?』(The Next Christendom, 2011)에서 21 세기의 세계화된 기독교 상황을 다음과 같이 분석했다.

> 그러나 지난 세기 동안 기독교 세계의 무게 중심은 유럽을 떠나 남쪽 방향으로는 아프리카와 라틴 아메리카로, 동쪽으로는 아시아로 거침없이 이동했다. 오늘날 지구상에서 가장 큰 기독교 공동체들은 이들 지역에서 발견된다. '전형적인' 그리스도인의 모습은 나이지리아의 시골 마을이나 브라질 빈민가에 살고 있는 여성이다. 아시아의 일부 지역의 교회들도 그 숫자와 신앙적 자신감의 면에서 급속히 성장하고 있다. 케냐의 학자 존 음비티(John Mbiti)가 지적한 바와 같이, "전 세계 모든 사람들이 동의하는 기독교의 중심은 더 이상 제네바, 로마, 아테네, 파리, 런던, 뉴욕이 아니라 킨샤사, 부에노스아이레스, 아디스아바바, 마닐라에 있다." 유럽인이나 북미인이 어떻게 생각하든, 기독교는 남반구에서 번창하고 있다. 이들은 생존을 넘어 빠르게 확장되고 있다(Jenkins 2011, 2-3).

이러한 변화는 우리를 새로운 도전으로 인도한다. 전 세계의 다양한 교회들을 하나로 포용할 수 있는 진정한 의미의 글로벌 기독교 패러다임을 세울 수 있을 것인가?

젠킨스는 위의 책 초판 발행(2002) 직후인 2004 년에, "After the Next Christendom"이란 짧은 기고문에서 이 질문을 다룬다. 먼저 서구 교회는 새롭게 일어나는 비서구 교회들을 자신들의 기준에 따라 "정통적인가 아니면 이단적인가?" 라고 평가하려는 태도를 내려놔야 한다. 젠킨스는 가상의 예화를 통해 새롭게 형성되는 기독교 정체성들을 보다 열린 자세로 바라볼 것을 요청한다.

그 내용은 이렇다. 8-9 세기경 어떤 사람이 이제 막 복음이 전파되기 시작한 중부와 북부 유럽을 방문하고 왔다. 그에게 그곳 교회의 상황을 듣기 위해 다수의 교회 지도자들이 모였다. 당시 교회의 중심은 시리아와 메소포타미아 등 아랍 지역 출신 지도자들이었다. 방문자의 이야기를 들으면서 이들은 독일과 영국 지역에 새롭게 세워지는 교회들이 자신들의 교회와 많이 다르다는 것을 발견한다.

> 참지 못하고 그 자리에 모인 지도자들은 방문자에게 이렇게 질문한다. "새롭게 형성되고 있는 그 교회들은 에데사(Edessa)나 다마스커스(Damascus) 교회들과 동일한 기독교인가?" 그러면서 자신들이 고민하고 있던 신학적 문제들, 즉 "단의론(monothelitism, 예수는 인간의 의지가 배제된 신으로서의 의지만 갖고 있다는 신학적 관점)이나 성상파괴(iconoclasm)에 대한 그들의 입장은 무엇인가?"에 대해 묻는다. 여행자는 난감해하며 말한다. "이들 교회들은 그런 질문 자체를 갖고 있지 않아요. 그들의 신앙은 전혀 다른 관심과 강조점을 갖고 있어요." 그러자 시리아

교회 지도자들은 경악한다. 그리고 묻는다. "새로운 기독교의 출현인가? 아니면 끔찍한 새로운 유형의 혼합주의인가? 기독교라고 하면서 이런 신학적 쟁점을 모른다니 말이 되는가? 이에 대한 분명한 신앙고백이 없는데 기독교라 할 수 있겠는가?" 시리아 기독교는 이 주제로 끝없는 논쟁에 몰두하는 동안 유럽의 새로운 교회들은 영적 부흥과 새로운 지적인 추구 속에서 위대한 세기에 들어서고 있었다(Jenkins 2004, 22).

신학적 문제를 중심으로 끝없는 논쟁을 벌였던 8-9 세기경 시리아 교회 지도자들이 오늘날 다시 모여 이미 오래전에 사라진 자신들 지역의 교회 상황과 당시 막 태동하던 유럽의 기독교가 새로운 부흥의 시대를 이끌고 전 세계의 복음화를 주도하는 것을 보게 된다면 어떤 생각을 하게 될까? 복음은 처음부터 번역되어져 왔다. 이 번역성 때문에 복음은 계속 경계를 넘어 확산될 수 있었다. 중요한 것은, 번역으로 인한 '다름'에 대해 열려 있어야 한다는 점이다.

한편 대일 어빈(Dale T. Irvin)은, 젠킨스 책에 대한 서평에서, 젠킨스의 주장보다 한 걸음 더 나아가는 의견을 제시한다. 서구 학자들이 쉽게 빠지는 오류 중 하나는, 기독교 신앙 안에 절대 양보할 수 없는 역사적인 기독교 신앙(historic Christian faith)이 있고 자신들의 신학이 그것을 대변한다고 믿는 것이다. 새롭게 등장하는 비서구 교회들은 당연히 자신들의 기준에 따라 평가되어야 한다고 생각한다. 어빈은 자신을 절대화하는 이런 태도를 경계한다.

'핵심 신념들/문화적 우연들' 분석 모델로는 오늘날 전 세계 각 지역의 기독교인의 삶에서 일어나고 있는 성육신적 실재의 깊이를 설명하기 어렵다. 서구 기독교 전통의 관점에서 볼 때 부수적으로 간주되는 것들이 서구 이외의 많은 지역들에서 신앙의 가장 핵심적인 요소 또는 특성으로 간주되는 것을 볼 수 있다. 비유적으로 설명한다면, 서양 건축자들이 버린 돌들이 서구 밖의 세계 여러 곳에서는 건물의 추축인 모퉁이돌이 되기도 한다. 예를 들면, 후기 계몽주의 서구 기독교 세계에서 종종 기독교 신앙의 주변적이고 부수적인 것으로 간주되던 초월적 능력에 의한 치유와 축귀 사역 등은 전 세계 많은 기독교에서 기독교 신앙의 핵심적인 것으로 여겨진다는 사실은 의심의 여지가 없다(Irvin 2005, 278).

필자는 복음과 기독교의 양보할 수 없는 본질(초문화 신학)을 믿는 히버트 교수의 견해를 지지한다. 그러나 내가 믿는 것이 바로 그 양보할 수 없는 복음의 절대적 본질이라는 자기 확신에는 반대한다. 번역은 피할 수 없는 복음의 본질이지만 동시에 언제나 변질의 위험을 동반한다. 때문에 양보할 수 없는 본질에 비춰 변질된 부분을 수정해 나가야 한다.

질문은 이것이다. 복음의 정당한 번역과 변질/혼합주의의 경계를 누가 정할 것인가? 특정 기준, 예를 들면 서구의 신학이 이 논의를 독점해서는 안 된다. 서로 다른 문화권을 대변하는 국제적 해석학 공동체가 필요하다. 다음 장에서 논의할 세계 기독교가 21 세기 선교 패러다임의 주요 틀이 되어야 하는 이유이기도 하다.

세계 기독교

21 세기 선교 현장을 이해하기 위한 또 하나의 기둥은 '세계 기독교'(World Christianity)이다. 그런데 이 개념은 단순히 기독교가 전 세계로 확산된 상태를 의미하지는 않는다. 19-20 세기에 진행된 '위대한 세기'의 선교운동을 통해 기독교가 전 세계로 퍼졌고 세계화된 것은 맞다. 그러나 서구 기독교의 전 세계로의 확산, 즉 확장 개념에 따른 설명은 세계화된 오늘날의 기독교를 설명하지 못한다. 근대 선교운동은 서구 기독교의 전 세계로의 확장과 거리가 멀었고, 근대 선교의 결과로 전 세계에 세워진 교회들은 서구 기독교의 모습과는 다른 형태로 성장했기 때문이다. 심겨진 토양(문화)에 따라 복음은 이전과 다른 새로운 정체성을 지닌 기독교로 세워졌고, 21 세기의 세계화된 기독교는 마치 모자이크처럼 조각들에 해당하는 각 문화권 교회들이 고유의 색깔을 내며 나름의 정체성을 유지하면서 동시에 전 세계적으로 연결되어 왔다. 세계 기독교는 '다양성 위에서 그려지는 통합'을 설명하기 위해 새롭게 만들어진 선교학 개념이다.

이 장에서는 선교의 현장이며 동시에 21 세기 선교운동이 지향하는 최종 목적지로서 세계 기독교에 대해 논의해 보도록 하겠다.

먼저 필자의 개인적 경험과 성찰에 대해 나누고 이어서 세계 기독교라는 새로운 선교 패러다임이 의미하는 바를 살펴볼 것이다.

아시아리딩센터

아시아리딩센터(Asian Reading Center), 무슬림 가운데 사역한 필 파샬(Phil Parshall) 박사가 운영하던 선교센터 이름이다. 1995년 6월 말 우리 가족은 태국 무슬림 사역에 앞서 필리핀에서 무슬림 사역을 배우기 위해 마닐라에 도착했다. 세계적인 선교 지도자였던 파샬 박사 밑에서 1년 동안 그의 사역을 도우며 무슬림 사역을 배울 예정이었다. 초기 정착을 마친 후 나는 파샬 박사가 사역하는 아시아리딩센터를 방문하게 되었다. 그의 사역을 가까이서 볼 수 있게 되다니… 감개가 무량했다. 센터는 마닐라 시내, 뀌아포(Quiapo) 지역 내 무슬림 마을 입구에 있었다. 마약 거래의 중심지고 우범지대라 사람들이 별로 가지 않는 슬럼가였다. 우리 가족이 살게 된 케손 지역에서는 찌프니를 타고 한 시간 이상 가야 하는 꽤 먼 지역이었지만 초년 선교사였던 나는 부푼 기대를 갖고 길을 나섰다. 유명한 뀌아포 성당 앞에서 내려 파샬 박사가 준 약도를 따라 어수선한 거리를 지나 한적한 도심 빈민가로 들어섰다. 거대한 마닐라 골든 모스크를 지나고 작은 다리를 건너 센터가 있다는 거리에 들어섰다. 저 멀리 미소를 지으며 손짓하는 파샬 박사가 보였다.

센터를 보고 나는 실망을 금하지 못했다. 화재가 났었는지 아니면 너무 낡아 그런지 다 쓰러져가는 길가의 낡은 건물이었다. 공짜로 줘도 사용하지 않을 것 같은 거무튀튀하고 음산한 공간이었다. "Asian Reading Center"를 나타내는 어떤 표식도 없었다. 낡은 철제 셔터를 올리니 겉과 그리 다르지 않은 어두컴컴한 공간이 나타났다. 우측에 물건을 보관하는 작은 방이 있었고 조금 넓은 홀 정면에서는 작은 TV 가 걸려 있었고 낡은 테이블 몇 개가 공간을 채우고 있었다.

내가 할 일은 내부에 있는 낡은 탁자를 들고 나와 거리에 펴고, 안에 보관되어 있던 전도책자들을 내어와 탁자에 배열하는 것이었다. 센터 앞 길을 청소하고 의자와 테이블을 내어와 길거리를 정리하는 동안 파샬 박사는 안에서 비디오테이프를 플레이어에 넣고 "예수" 영화 상영을 준비했다. 건물 내부는 우중충했고 TV 는 너무 작았다. 영화를 보기 원하는 사람들은 누구든지 홀 안에 들어가서 그 영화를 볼 수 있었지만 이들이 앉을 의자는 없었다. "볼 테면 보고 아니면 그냥 지나가라"는 식이었다.

안쪽의 정리를 마치고 파샬 박사가 밖으로 나오면 함께 길 쪽으로 천으로 된 차단막을 쳤는데 오후의 강렬한 햇볕을 막기 위해서였다. 이슬람식 무늬가 새겨진 큰 천들이었던 것으로 기억한다. 준비가 끝나면 파샬 박사와 나는 햇볕 차단막이를 뒤로 하고 의자에 앉는다. 우리 앞의 테이블 위에는 무슬림 소수 종족들의 언어로 번역된 쪽 복음들과 소책자들이 펼쳐져 있다. 20-30 권정도 되었던 것 같다. 어차피 잘 안 팔리기 때문에 많이 쌓아 놓을 필요도 없었다.

파샬 박사가 하는 일은 그냥 앉아 있는 것이었다. 간혹 아는 무슬림이 지나가면 안부를 묻고 간단한 대화를 나눈다. 무관심하게 지나가는 무슬림들을 불러 세우거나 말을 거는 일은 없다. 그들이 먼저 말을 걸어오기 전까지는… 건물 안쪽에서 돌아가는 예수 영화를 소개할 법도 한데 그런 일은 없다. 그래도 지나가다 걸음을 멈추고 가게 입구에 서서 영화를 보는 사람들이 있기는 하다. 어떤 이들은 이미 무슨 내용인지 안다는 표정으로 안쪽을 힐끗 보고는 그냥 지나친다.

준비가 끝나면 별로 할 일이 없었다. 그냥 그 옆에 앉아 파샬 박사의 말동무를 했다. 내가 준비해 간 질문을 중심으로 이런저런 이야기를 나눈다. 가끔은 파샬 박사가 먼저 묻기도 한다. 가족 얘기, 한국 선교사들의 근황 같은 것들이었다. 간혹 다른 선교사들이나 필리핀 사역자들이 방문하면 의자를 더 내어오고 길 건너편으로 가서 음료수를 사오는 것도 내 일이었다. 허름한 가게에서는 콜라나 환타 종류를 팔았는데 병째 주는 경우는 거의 없고 얼음을 넣은 반투명 비닐봉지에 음료수를 부어 팔았다. 파샬 박사가 자리에 없을 때 간혹 책자에 대해 나에게 질문하는 무슬림들이 있는데, 그때 내가 할 수 있는 것은 조만간 파샬 박사가 올 것이니 기다리라는 말 정도였다. 어느 정도 시간이 지나고 안면이 익숙해진 사람들도 생기자 이들과는 안부도 묻고 이런 저런 대화를 했지만, 대부분은 파샬 박사 곁에 앉아 그의 말벗이 되어 주거나 혼자 가져간 책을 읽고는 했다.

필리핀에서 지낸 1년 동안 매주 금요일마다 리딩센터에 가서 위에서 설명한 단순한 사역에 참여했다. 오후 2시부터 시작되는 책 판매와 예수 영화 사역은 5시가 조금 넘으면 마무리된다. 책자들과 테이블을 정리하고 일을 마치면 다시 찌프니를 타고 게손 지역의 집으로 돌아온다. 금요일 저녁 교통 지옥을 제대로 경험하고는 했다. 탈 자리가 없을 때가 많아 지프니 뒤에 매달려 간 적도 꽤 많았다. 위험했지만 그때만 해도 아직 젊었기에 힘든 줄도 몰랐다.

초라한 센터의 외형이나 내가 했던 단순한 사역에 대한 설명을 듣고 그 기간이 내게 미친 영향을 과소평가해서는 안 된다. 어쩌면 이 기간을 통해 나는 조금씩 선교사가 되어갔는지도 모른다. 대선배인 파샬 박사 곁에 앉아 이런 저런 주제로 대화할 수 있었던 것은 그 어떤 학위 과정이나 훈련 프로그램과도 비교할 수 없는 엄청난 축복이었다. 내가 갖고 있던 고정관념들을 벗을 수 있었고 무엇보다 선교가 뭔지 배웠다.

시내의 버려진 슬럼가의 무너져 가는 낡은 건물 앞에서 초라한 모습으로 쪽 복음 책자들을 팔고, 아무도 주목하지 않는 것 같은 예수 영화를 상영하고 있었지만 파샬 박사는 하나님의 큰 그림 위에서 선교를 보고 있었다. 그의 곁에서 함께 지냈던 1년은 필자의 선교 여정에 엄청난 영향을 미쳤다. 선교사의 삶과 사역에 대한 배움도 컸지만, 무엇보다 선교에 대한 본질적인 이해의 지평을 넓힐 수 있었던 시간이었다. 선교의 대선배 옆에서 그가 바라보는 안목으로 선교를 볼 수 있었다는 것은 엄청난 특권이었다.

특히 선교사의 정체성 즉 "선교사가 누구인가?"에 대한 가르침은 이후 나의 선교사 여정에 소중한 자산이 되었다. 그때까지 선교사는 새로운 일을 시도하는 존재가 되어야 하고 그 일을 돌파해내기 위해서는 주도적이어야 한다고 생각하고 있었다. 그런데 파샬 박사가 보여준 삶과 사역의 모습은 그 반대였다. 철저히 자신을 낮췄고 드러내지 않고 뒤에서 일이 되게 하는 역할에 집중했다. 선교사는 자기 사역을 펼치는 존재가 아니라 현지 교회의 종으로서 현지인들이 스스로 할 수 있을 때까지 곁에서 돕는 일종의 대체재(代替財)라는 것을 명확히 했다. 당시 이미 세계적인 학자요 모두의 존경을 받는 선교 지도자였지만 그의 사역의 최우선 순위는 필리핀 지도자들이 스스로 무슬림 선교를 담당하도록 돕는 데 있었다. 위험한 무슬림 빈민가 지역에서 문서 배포 사역을 하면서 최전선을 지켰지만 그가 좌지우지할 수 있는 그의 왕국은 어디에도 없었다. 그럼에도 그를 따르는 수많은 후배 선교사들, 현지인 동역자들에게 그는 여전히 영웅이었다.

우리 가정이 태국에 도착한 뒤 3년쯤 되었을 때 파샬 박사가 태국 남부에서 모이는 무슬림 사역 선교사 모임에 주강사로 온 적이 있다. 태국뿐 아니라 말레이시아, 인도네시아, 싱가포르 등에서 무슬림 사역하는 선교사, 현지인 사역자들이 모이는 연례모임이었다. 150명이 넘는 선교사들이 모였는데 다른 해보다 많은 수였다. 파샬 박사의 인기를 볼 수 있었다. 집회가 끝난 뒤 매일 밤 파샬 박사와 대화하는 시간이 있었는데 신청자가 너무 많아 여러 개의 그룹으로 조를 짜야 했을 정도였다. 하나님의 안목으로 선교를 보고 무엇보다 무슬림들을 사랑하는 그의 열정 때문에 수많은 후배들이 그를 따르고 있었다.

필리핀을 떠나며 필자는 파샬 박사에게 지난 1년간 함께 지낼 수 있게 해 줘서 고맙다는 편지를 썼다. 많은 것을 배웠지만 특히 두 가지에 대해 감사했다. 하나는 선교사가 무엇을 위해 어떻게 살아야 하는지 알게 되었다는 것이었고, 다른 하나는 내 앞의 사역에 매몰되지 않고 하나님이 보는 큰 시야로 볼 수 있게 된 것에 대해 깊은 감사를 표현했었다. 당시는 깨닫지 못하고 있었는데 파샬 박사는 그때 이미 미래의 선교는 비서구 다수세계 교회 출신 선교사들이 주도할 것이고 선교는 전 세계 모든 교회가 함께 만들어가야 하는 글로벌 프로젝트가 될 것을 보고 있었던 것 같다. 쓰러져 가는 낡은 상가에 자리잡고 있던 "아시아리딩센터"는 이를 상징적으로 보여주었다. 거기에는 서구의 거대한 자금력이나 압도적 우월함 같은 것은 없었다. 파샬 박사는 이 허름한 센터 앞에 앉아 앞으로 일어날 '세계 기독교' 시대의 새로운 선교 패러다임을 만들고 있었는지도 모른다. 이후에도 여러 차례 파샬 박사는 방콕을 지나는 일이 있을 때 우리 가정을 방문해 격려해 주었다. 좋은 지도자를 만나 미래의 패러다임을 조금 일찍 배울 수 있었던 것은 행운이었다.

처음부터 세계적

21 세기는 '세계 기독교' 시대가 되고 있고, 전 세계에 흩어져 있는 다양한 정체성을 가진 교회들, 즉 복음을 각자의 문화적 안목으로 재해석한 기독교 정체성들이 서로 어우러지면서 하나님의 선교에 참여하고 있다. 그런데 이 세계 기독교 현상은 21 세기에 나타난 특별한 상황이 아니다. 이는 초기 기독교부터 이미 존재하던 현상이며 피조세계 전체를 회복하기 원하는 하나님의 선교의 본질적 특성이다. 21 세기 세계 기독교 현상을 초기 기독교 현상으로의 복귀라고 주장한 대표적 학자는 앤드류 월스다. 월스는 초기 기독교에 관한 연구를 통해 기독교는 처음부터 복수의 다양한 정체성으로 발전했다고 이야기한다. 초기 기독교는 예수 그리스도에 대한 동일한 신앙고백 위에 세워진 하나의 몸이었지만, 동시에 서로 다른 문화적 토양에서 형성된 다양한 기독교적 정체성이 함께 공존하는 공동체였다.

월스는 당시 학계에서 격렬하게 논의되던 주제를 연구하고 있었다. 그의 연구 질문은 다음과 같은 것이었다.

> 초기 기독교와 그 뒤에 이어지는 사도시대에 무슨 일이 벌어졌는가? 사도들로부터 이어져 내려온 패러다임, 즉 사도들이 가르쳤을 것으로 믿어지는 가르침이 그 뒤에도 그대로 이어졌는가?

초기 기독교를 규정하는 사도적 전통의 내용을 살펴볼 수 있는 고대 자료 중 하나가 주후 3 세기경 로마에서 활동한 논쟁가였던 히포리투스(Hippolytus)가 쓴 "사도적 전통"(Apostolic Tradition)이다. 제목이 암시하듯 이 책은 초기 기독교 시기에 적용되었던 사도들의 전통을 기록한 것이었다. 월스는 이 책 내용을 분석하면 초기 교회들이 동일하게 믿고 고백하던 사도들의 가르침을 보다 명확하게 정리할 수 있을 것이라 기대했다.

그런데 문제가 있었다. 헬라어로 기록된 이 책의 원본은 모두 분실되었고 당시 확인할 수 있는 것은 라틴어 번역본 일부, 아랍어, 에티오피아어, 콥틱의 사투리로 번역된 전체 사본, 그리고 시리아와 그리스 저자들에 의해 일부 발췌된 내용 등이었다. 월스는 이들 사본들을 비교 분석하면 소실된 헬라어 원본을 재구성할 수 있을 것이며 이를 통해 초기 기독교가 공유하던 (통일된) 사도적 전통을 확인할 수 있을 것이라 기대하면서 연구를 시작했다. 그런데 얼마 가지 않아 월스는 그가 불가능한 목표를 쫓고 있음을 깨닫게 되었다. 가장 기대를 걸었던 라틴어 번역본조차 먼저 고트족 언어로 번역되었다가 다시 라틴어로 번역된 것임이 밝혀진 것이다. 번역의 과정을 거친 다른 언어 사본들도 문제가 있었다. 이들은 번역과정에서 많은 내용이 변경되었기 때문에 이들 사본들로부터 원본 내용을 재구성한다는 것 역시 불가능했다. 각 사본들은 번역되는 과정에서 자신들의 문화와 언어에 맞춰 내용을 재해석해 구성했기 때문이었다.

견습생 학자로서 내가 연구하던 텍스트들은 내게 초기 교회의 한 특성을 말하고 있었는데 이 사실을 깨닫게 되기까지는 긴 시간이 필요했다. 초기 기독교는 광범위한 지역에 퍼져있었고 그 안에 풍부한 언어들이 존재했고 그리고 문화적으로 다양함을 포함하고 있었다는 점이다. 그럼에도 (동시에) 그 교회들은 하나로 묶여 있었고 서로에게 속해 있다는 소속감을 공유하고 있었다. … 밝혀지고 있는 것은 세계 기독교가 지난 세기에 발전된 것이 아니라는 점이다. 그것은 기독교의 자연스런 모습이다. 기독교는 처음부터 언제나 세계적이었고, 교회 역사에 나타난 대부분의 실제 상황도 세계적이었다. 글로벌은 필연적으로 다문화를 의미한다. 문화적 다양성은 신약 시대부터 언제나 교회 안에 존재하고 있었다(Walls 2017, 4).

초기 기독교 안에는 시작부터 다양한 정체성들이 공존했다. 넓은 지역에 형성된 교회들은 그들의 문화와 언어에 기초한 다양한 기독교적 정체성을 세웠고 이는 초기 문서의 번역과정에 그대로 반영되었다. 그러므로 각 언어로 번역된 사본을 통해 헬라어 원본 내용을 재구성하려는 시도는 원천적으로 불가능했던 것이다. 하나의 기독교였지만 그 안에는 다양한 정체성을 가진 기독교 공동체들이 공존했다. 세계 기독교의 성격, 즉 다양한 언어와 문화로 번역된 복음과 이로 인해 형성된 여러 색깔의 기독교적 정체성이 존재하지만 동시에 이 모든 다양성을 꿰뚫는 보편적 신앙고백이 공존하는 상태는 이미 초기 기독교부터 존재했던 현상이었다.

역사적으로 '다양성 안의 통일성'이란 기독교의 특성이 사라진 것은 기독교가 국교화되고 로마 제국의 정치 이데올로기가 되면서 다양성이 정치권력에 의해 억압된 탓이었다. 기독교 정체성의 다채로움은 수백 년 뒤 종교개혁을 통해 다시 회복되었다. 이 시기에는 성경이 여러 언어로 번역되었고 이로 인해 다시 기독교 내에 다양한 정체성이 공존할 수 있는 문이 열리게 된 것이다. 근대 선교운동은 이 다양성이 전 세계로 확대되는 과정이었다. 여러 언어로 성경이 번역되었고 이에 따라 기독교 정체성의 다양성도 계속 확대되었다. 21 세기의 세계화된 기독교는 이 과정의 결과라 할 수 있다. 이런 점에서 월스는 21 세기의 세계 기독교 현상을 "신약 시대 교회의 다문화 모델로의 회귀"(Returning to the multi-cultural model of the New Testament Church)라고 주장한다(Walls 2017, 16).

최근 논의의 배경[18]

세계 기독교는 전 세계 모든 문화권의 다양한 기독교 정체성들이 모여서 만들어진 새로운 기독교 이해다. 기독교 정체성에 대한 모든 기준들은 서구 교회로부터 나와야 한다고 믿던 시대가 저물고 있다. 오늘날 세계화된 기독교는 각 문화권에서 형성된 토착교회들의 목소리들이 모여 하나의 세계 기독교를 이룬다. 전 세계의 모든 교회들이 동등한 자격으로 모여 함께 만들어 내는 기독교다. 서구 기독교는 그 목소리들 중 하나로 간주된다. 물론 여전히 세계화된 기독교를 규정하는 것이 서구 기독교라 느껴지는 것이 사실이다. 기독교 세계의 대부분의 학문적 업적이 서구의 유수한 신학교들과 서구 학자들에게서 나오고 있는 상황에서 세계 모든 문화권의 교회들이 세우는 다양한 기독교적 정체성들이 모여 기독교를 이룬다는 주장은 현실과 거리가 멀다고 느낄 수 있다.

그러나 서구 교회가 주도하던 기독교 이해는 물러가고 서구의 기독교와 거리가 먼 새로운 기독교 정체성들이 모여 세계화된 기독교의 성격을 규정하는 시대가 열리고 있다.

무게중심의 이동

서구 기독교가 규범이 되던 시대를 넘어 세계 기독교로의 전환이 이뤄지게 된 원인은 무엇인가? 가장 두드러진 것은 기독교의 인구 통계적 변화다. 대표적인 복음주의 선교학 저널 중 하나인 *International Bulletin of Mission Research* (IBMR)이 최근 발표한 통계에 따르면 2021년 현재 전 세계 기독교 인구 중 북반구(서구) 기독교에 속한 비율은 32.7%에 불과하며 기독교 인구의 67.3%는 서구 밖의 비서구 다수세계에 살고 있다. 이 비율은 2050년이 되면 23%와 77%로 그 격차가 더 벌어질 것이다. 이 통계가 의미하는 것은 세계화된 기독교를 더 이상 서구 기독교의 관점에서 규정하기가 어려워지고 있다는 점이다. 기독교의 무게 중심이 서구에서 비서구로 전환되고 있다는 사실은 서구 교회가 주도하던 이제까지의 기독교 정체성에 대한 해석이 전 세계 모든 교회들의 목소리가 반영되는 새로운 형태로 바뀌어야 함을 암시한다. 비서구 지역 출신 학자들이 배출되기 시작했고 성장하는 교회들의 관점을 반영하는 이들의 목소리가 이제는 더욱 설득력을 얻고 있다.

존 파라트(John Parratt)는 인구학적 무게중심의 전환으로 인해 기독교는 서구의 종교에서 전 세계 다양한 문화권에서 해석된 기독교 정체성들의 총합이라는 인식으로 바뀌고 있다고 설명한다.

> 지난 세기 동안 기독교 신앙이 직면한 가장 큰 변화를 한 가지 꼽으라면, 그것은 (기독교의) 전통적인 중심이 유럽과 북미로부터 멀어지는 인구 통계학적 변화였다. … 단순한 데이터가 모든 것을 말해주지는 않지만, 기독교가 더 이상 '서구' 종교로 간주될 수 없다는 것은 분명하다. 그것은 전 세계의 종교가 되었으며 서구 교회는 이를 구성하는 단지 작은 부분에 불과하다(Parratt 2004, 1).

티모시 텐넌트(Timothy Tennent) 박사도 시간이 지날수록 기독교의 정체성을 주도하던 서구 기독교의 목소리는 줄어들 것이고 미래에는 기독교를 대변하는 얼굴도 서구인의 얼굴에서 아시아나 아프리카인의 얼굴로 바뀔 것이라 전망한다.

자성의 목소리

서구 기독교의 관점에서 규정되던 기독교를, '세계 기독교'라는 관점에서 이해해야 하는 또 다른 이유는, 서구 기독교 내부로부터 나오는 목소리에서 찾을 수 있다. 서구 기독교가 이전의 주도적 위치에서 내려와야 한다는 주장이다. 일부 선교학자들과 교회 지도자들이 주장하던 이 목소리는 점점 더 많은 사람들의 지지를 받고 있다. 서구, 특히 유럽의 기독교가 급격히 쇠퇴하는 상황에 대한 깊은 좌절감이 이런 목소리에 힘을 더해주고 있다.

미국선교학회(American Society of Missiology, ASM) 회장이었던 밴 겔더(Craig Van Gelder)의 주장이 이를 잘 보여준다. 그는 2013년 학회의 회장으로서 행한 강연에서 세계 기독교 역사를 보는 관점이 바뀌어야 한다는 점을 강조하면서 다음과 같이 말했다.

> 라뚜렛(Latourette, 1937)에 의해 훌륭하게 틀이 짜이고 니일(Neill, 1964)에 의해 요약된 "기독교 선교 역사"는 서구 기독교의 확산 이야기라는 서구 중심적 프레임에 기초했었습니다. 그러나 이 관점은 어빈(Irvin, 2009)과 썬퀴스트(Sunquist, 2012)와 같은 학자들에 의해 "전 세계 모든 기독교가 함께 이룬 운동"의 역사로 새롭게 재구성되고 있습니다. … 부상하고 있는 남반구(비서구) 교회들의 관점을 포함하는 보다 총체적인 관점에서 기존의 역사적 사료들을 해석해야 합니다. 이러한 변화는 또 다른 영역에서도 명백해지고 있는데, 이는 기독교의 보편적 규범으로 여겨졌던 '유럽 부족 기독교 신앙 전통'(the Euro-tribal Christian faith tradition)이 주변부의 하나의 관점으로 재구성되고 있다는 점입니다(Van Gelder 2013, 45).

충격적인 것은 기독교의 보편적 규범으로 간주되었던 서구 기독

교 전통을 유럽 부족에 의해 발전된 '하나의' 신앙 전통이며 기독
교를 구성하는 '주변부'의 관점 중 하나일 뿐이라고 주장한 점이
다. 자신을 낮춘 겸손한 주장이며 기존의 고정관념을 깬 매우 파격
적인 관점이다. 밴 겔더의 이 표현은 서구 기독교가 급격히 쇠락하
는 상황을 반영하는 전형적인 사례라 할 수 있다.

이런 변화는 서구 교회의 급격한 쇠퇴와 무관하지 않다. PEW
통계센터에서 2017년 발표한 영국의 기독교인 비율은 73%로 여
전히 높은 수준을 유지하고 있다. 그러나 브리티쉬 아카데미(British
Academy)가 2015년 발표한 정기적인 교회 출석자의 비율은 전혀
다른 수치를 보여준다. 월 1회 이상 정기적으로 예배에 참여하는
비율은 4.7%에 불과하다. 1980년 11.1%에서 35년만에 절반 이
하로 줄어든 것이다. 이 추세는 기독교 세계의 중심이었던 영국이
빠르게 선교지로 변화되고 있음을 보여준다.

서구 유럽 교회의 급격한 붕괴의 원인을 분석한 레슬리 뉴비긴
은 이 상황에 대해 의외의 진단을 내린다. 뉴비긴은 인도 남부에서
40년 가까이 선교사역을 한 뒤 1974년 귀국해 변화된 영국 교회
상황을 보면서 큰 충격을 받는다. 한때 기독교의 중심이었고 세계
선교를 주도하던 영국 교회의 교세가 빠르게 줄어들고 특히 젊은
이들이 교회를 떠나는 모습을 보면서 서구 교회가 왜 이렇게 되었
는가? 라고 질문한다. 많은 연구 뒤 그는 계몽주의와 인본주의적
세계관에 물든 서구의 신학, 서구의 복음 해석이 오히려 서구인들
을 기독교로부터 멀어지게 만들었다고 결론을 내리면서, 서구 교

회의 신학을 '세련된 혼합주의'라 진단한다. 역사비평적 성경연구는 성경의 계시성을 약화시켰고 사람들로 하여금 성경을 "차가운 경멸"(cold contempt)로 대하도록 만들었다고 탄식한다.

> 선교사는 두 가지 함정을 피하려고 노력한다. 하나는 문화에 대한 이해에 실패해 메시지가 상황과 무관해지는 상태이고, 다른 하나는 기존 문화에 대한 도전을 포기하고 무비판적으로 기존의 문화에 함몰되어 메시지가 왜곡되는 경우이다. 두 번째 상황을 우리는 '혼합주의'라 부른다. 현대 영국(그리고 대부분의 서구) 기독교가 '세련된 혼합주의'(an advanced case of syncretism)라는 것을 부인하기 어렵다(Newbigin 1983, 23).

계몽주의와 합리주의에 점령당한 서구 신학은 무너지는 서구 교회를 지켜내지 못했다. 서구 기독교 전통이 세계화된 기독교의 기준이 되던 시대는 저물고 있다. 문제는 그 다음이다. 서구 교회가 뒤로 물러선 상황에서 누가 이 세계화된 기독교를 규정할 것인가? 오늘날의 세계화된 기독교 가운데 제기되는 질문들에 대한 답을 누가 제시할 것인가? 이 질문에 대한 답변으로 제시되고 있는 것이 바로 '세계 기독교' 패러다임이다. 즉 서구 교회가 물러난 빈자리를 전 세계 모든 교회들이 함께 채워야 한다는 것이다. 전 세계 모든 곳에 존재하는 교회들이 정당한 일원으로서 함께 기독교 정체성을 세워야 하는 상황이 바로 세계 기독교의 등장 배경이다.

새로운 기독교 정체성

21 세기의 세계화된 기독교는 서구 기독교의 세계적 확산이 아니라 '세계 기독교'라는 새로운 기독교로 재탄생된 결과다. 세계화된 기독교의 새로운 중심으로 대두되고 있는 서구 밖의 비서구 다수세계 교회들이 나타내는 기독교 정체성들은 서구의 그것과 많이 다르다. 교회역사학자인 필립 젠킨스는 그의 책 『신의 미래』에서 비서구 교회들의 특성을 설명했는데, 카브리타(Cabrita)와 맥스웰(Maxwell)은 젠킨스의 주장을 다음과 같이 요약한다.

> 젠킨스의 주장은 단순하다: 20 세기 동안 기독교 신앙은 남쪽으로 움직였다. 인구통계학적으로 기독교 인구의 중심이 아프리카, 라틴 아메리카, 아시아 및 태평양으로의 거대한 이동이 있었다. 동시에 '북반구'로 알려진 유럽과 북미 등의 기독교는 말기적 침체에 빠졌고 교회들은 쪼그라들고 예배당은 비어갔다. '남반구'에서 전례가 없는 거대한 교회 성장이 진행되고 있으며, 기독교는 또 다른 위대한 종교개혁의 문턱을 넘고 있거나 실제로 넘어섰다. 이는 신학적으로 보수적이고 초자연적 현상을 중시하며 영적인 관점을 지향하는 (남반구) 신앙이 자유주의적 사고에 기반한 북반구의 상대주의적 신앙을 도전하고 있음을 의미한다(Cabrita & Maxwell 2017, 7).

세계 기독교의 중심축으로 변화되고 있는 남반구(비서구) 기독교는 신학적, 윤리적으로 더욱 보수주의적 입장을 견지하며, 초자연적 신앙현상에 대해 열린 태도를 보이며 성경해석에서도 근본주의적 관점을 적용하려 한다. 비서구 교회들의 가세는 그들과 함께 유입되는 다양한 문화적 요소들로 인해 기독교가 새롭게 재해석되고 있음을 의미한다.

세계화된 기독교 상황은 21 세기 선교학의 뜨거운 주제가 되고 있다. 세계 기독교에 관한 학술적 토론이 가장 활발하게 진행된 것은, 앤드류 월스와 라민 사네가 주도해 1992 년부터 시작되었고 현재까지 매년 다양한 논문을 발표하고 있는 "예일-에딘버러 세계 기독교 및 선교역사학회"의 활동이다.[19] 또한 서구의 유수한 신학교, 대학교들이 앞다투어 세계 기독교를 다루는 연구 기관을 설립하고 관련 저널을 발행하며 세계 기독교 관련 과목들을 개설하고 있다.[20] 세계 기독교를 전공한 학자들이 양성되고, 저널들을 통해 많은 논문들이 발표되고 있다. 많은 학자들이 21 세기의 기독교를 세계 기독교 패러다임에 기초해 새롭게 재해석하고 미래의 기독교 발전 방향성을 분석하고 있다.

데일 어빈(Dale T. Irvin) 교수의 세계 기독교에 대한 설명은 이러한 발전 방향성을 잘 드러내고 있다.

지난 수십 년 동안 세계 기독교는 글로벌하게 전개되고 있는 오늘날 기독교의 복잡한 상황을 설명하는 효과적인 관점으로 주목을 받고 있다. 이 새로운 용어는 그 안에 새로운 의미를 담고 있다. … 세계 기독교는 전 세계 모든 대륙에서 발견되는 기독교 공동체들, 그들의 신앙과 실천들의 다양한 교회적 전통들을 드러내고 그들의 역사적 문화적인 경험들을 알려주고 분석하는 새로운 연구 분야로 부상하고 있다. 이 용어는 전 세계 모든 곳에서 발견되는 신앙과 그리스도인 삶의 지역적이며 토착적 표현들의 다양성, 그리고 이 다양성이 어떻게 서로 비판적이며 건설적으로 시간과 공간을 넘어 다양하게 상호 영향을 주고받는지에 관심을 갖는다(Irvin 2008, 1).

어빈 교수는 세계 기독교를 두 개의 상반된 흐름으로 설명하고 있다. 하나는 문화를 넘어가면서 복음이 새롭게 재해석되며 그 결과로 고유한 기독교적 정체성을 형성하는 과정이고, 다른 하나는 각 문화권의 다양한 기독교 정체성들이 세계화라는 역동성 속에서 하나로 연결되면서 서로 영향을 주고받는 과정이다.

폴 히버트(Paul Hiebert) 교수의 표현을 빌리면, 전자는 "비판적 상황화" 또는 "자신학화"(self-theologizing) 과정이라 할 수 있고 후자는 국제적인 해석학적 공동체를 통해 만들어지는 "글로벌 신학화"(global-theologizing) 과정이라 할 수 있다(Cathcart & Nichols 2009, 212). 즉 세계 기독교는 자신학화를 통한 기독교 신앙의 지역화(토착화) 과정과 전 세계적으로 형성된 기독교 정체성들이 하나로 통합되는 세계화 과정이 서로 영향을 주고받으며 공존하는 상태를 의미한다. 이런 점에서 세계 기독교는 특정 상태에 도달해 있는 정적인 모습이라기보다는 끊임없이 상호작용을 주고받으면서 역동적으로 움직이는 동적인 개념에 가깝다.

각 문화권의 토착교회 형성		다양한 기독교적 정체성들의 세계적 연결

세계 기독교를 형성하는 두 흐름

3부

새로운 선교 패러다임의
실제

20세기의 거대한 선교의 파도를 타고 기독교 선교운동은 여러 면에서 본질적인 변화를 경험했고 이를 통해 선교 이해가 확장되었다. 앞에서 우리는 20세기 동안 진행된 논의의 연장선상에서 전개된 21세기 선교운동의 몇 가지 핵심적 기둥들을 살펴보았다. 그런데 이 패러다임 전환은 선교 현장에 어떻게 영향을 미치며 어떤 새로운 변화들을 요청하는가?

하나님의 선교와
현장 사역

먼저 '삼위일체 하나님의 선교'가 선교 현장에 주는 의미를 살펴보자. 복음주의 진영은 '하나님의 선교' 논의에 대해 부정적이었다. 이런 태도는 74년 로잔 세계복음화대회 이후에도 여러 해 동안 지속되었다. 그러나 레슬리 뉴비긴이나 존 스토트, 또는 사무엘 에스코바나 레네 빠디야(C. René Padilla) 같은 선교 지도자들을 중심으로 복음주의 선교운동도 삼위일체 하나님 중심의 선교 이해를 회복해야 한다는 주장이 지속적으로 제기되었다. 이들의 주장은 1999년 세계복음주의연맹(WEA)이 주최한 이과수 (복음주의) 선교학자회의에서 교회의 중심성을 전제하는 조건으로, 하나님의 선교를 수용하기로 결의함으로써 복음주의의 주된 관점으로 수용되었다. 이로써 하나님의 선교를 중심으로 선교를 이해하려는 관점이 보편화되었고, 복음주의 진영을 휘감고 있던 하나님의 선교 자체에 대한 거부감(?) 역시 거의 사라지게 되었다. 그렇다면 (삼위일체) 하나님의 선교 중심의 선교 이해는 현장 사역에 어떤 변화를 가져다주는가?

오이쿠메네 회복을 향한 통합 선교

하나님의 선교의 관점이 현장 선교에 미칠 가장 중요한 영향은 아마도 선교에 대한 총체적(holistic) 또는 통합적(integral) 이해의 길을 열어주는 것이다. 20세기 중반 복음주의 진영은 사회참여 또는 세상의 변혁을 위한 활동을 선교의 본질로 볼 것인가를 놓고 치열한 논쟁을 벌였다. 보수적인 입장에서는 전도와 교회개척만이 선교의 본질이라 본 반면, 개혁적인 입장은 피조세계 전반의 변화, 즉 부조리한 세상의 변혁까지도 선교의 본질로 인정해야 한다고 주장했다.

하지만 하나님의 선교의 관점에서 본다면 이 둘은 모두 선교의 총체성을 지향한다는 점에서 동일한 방향성을 갖고 있다.[1] 총체적인가 아니면 통합적인가의 차이에도 불구하고 하나님의 선교는 선교를 전인적으로 볼 수 있는 기초를 넓혀왔다. 이는 현장에서 진행되고 있는 다양한 사역들을 좀 더 포괄적으로 설명할 수 있는 틀을 제공하고 있다. 전 세계 대부분의 지역에 교회들이 존재하게 된 상황은 교회개척 중심이 아니라 총체적 사역으로 선교 사역이 확대되도록 작용해 왔다. 선교를 거부하는 국가들이 늘어나면서 교회개척 중심의 전통적 사역이 어려워진 점도 사역의 다양화에 영향을 미쳤다. 필자가 소속한 개척선교회(GMP)는 교회개척을 지향하는 단체인데 시간이 지나면서 여러 이유로 대부분의 선교사들이 지역개발, 문화 및 스포츠 사역, 비즈니스, 교육 및 의료, 구제 사역 등 다양한 형태로 변화되고 있다. 전도와 교회개척 중심의 선교 이해로는 담아내기 어려울 만큼 선교 현장이 다양해지고 있다.

하나님의 선교는 하나님의 피조세계 전반에 관한 총체적 회복을 지향한다. 이는 '교회가 세워지고 전체 인구가 기독교인이 된다면 하나님의 나라는 자동적으로 성취될 것'이라는 전제 하에 기독교화에 총력을 기울였던 기존의 선교관을 넘어선다. 또한 하나님의 선교는 단지 사람의 영혼을 지옥에 떨어질 운명에서 건져내는 것에 멈추지 않고 전인격적 존재 전체가 하나님의 창조하신 모습 그대로 회복되는 것을 지향한다. 신구약 전체를 통해 말씀하는 하나님의 선교 목적은 죄로 훼손된 피조세계 전체를 창조 당시의 조화로운 모습으로 되돌리는 것으로 이해하기 때문이다.

선교할 수 있는 이유

한편 하나님의 선교는 선교의 정당성에 대한 논리를 제공해 준다. 20세기 중반 이후 식민지였던 많은 국가가 독립하면서 기독교 선교에 대한 부정적 정서가 확산되었다. 서구 기독교 확산으로서의 근대 선교운동는 변장한 서구 제국주의이며 식민주의를 합리화하기 위한 방편이었다는 비난을 받고 있었다. 그런데 하나님의 선교는 이런 비판의 굴레로부터 벗어날 수 있게 해 주었으며 땅끝까지 복음을 전해야 하는 당위성을 회복할 수 있도록 해 주었다. 오트 교수는 선교의 본질을 삼위일체 하나님의 선교로 설명하는 것의 의미를 다음과 같이 설명한다.

복수의 진리 주장들과 종교적 확신들이 공존하는 다원적인 사회에서 기독교 신앙이 보편적 유효성을 가질 수 없다는 주장이 종종 제기된다. 더구나 다른 신앙을 가진 사람들을 기독교로 개종시키려는 시도는 비관용적이며 고집불통이며 제국주의적인 것으로 정죄를 받는다. 그러나 교회의 선교는 하늘과 땅의 우주적 창조주이신 하나님의 선교적 의지에서 직접 흘러나오며, 그 앞에서 모든 것이 설명된다. 이것은 교회로 하여금 담대한 겸손으로 복음을 선포하게 하며, 성경적 진리가 모든 나라, 문화, 인종집단의 남녀들을 위해 유효함을 정당화한다 (오트 2017, 199).

오트 교수의 이 주장은 필자의 현장 사역 경험에서도 확인된다. 필자는 태국 무슬림들 가운데 사역하도록 파송을 받았다. 태국에서의 첫 셋집은 이슬람이 운영하는 선교회 사무실 바로 옆이었다. 무슬림 지도자들과 만나 그들을 사귀고 태국 이슬람을 더 알아가려는 의도였다. 이 사무실 지도자와 자주 대화했는데 하루는 기독교를 비난하면서 이렇게 말했다.

이슬람은 이슬람을 믿는 사람들을 격려하는 방식으로 선교하
는데, 왜 기독교는 다른 종교를 믿는 사람들을 개종시키려 하
는가? 각자 자신의 종교를 중심으로 안정적으로 사는 사람들
에게 왜 불필요한 분란을 일으키는가?[2]

이 비판은 오늘날 선교 현장에서 기독교 선교가 직면하는 도전
중 하나이다. 절대적 진리를 부정하는 종교 다원주의 세상에서 타
종교인의 개종을 지향하는 기독교 선교는 자신의 선교 이유를 설
명해야 하는 부담을 안고 있다.

이 도전에 대한 복음주의 선교운동의 답변이 바로 '하나님의 선
교'다. 기독교 선교의 본질은 서구(또는 한국)의 기독교를 확장하는
데 있지 않다. 죄로 인해 망가진 피조세계의 회복과 온 세상의 사
람들의 구속을 향한 하나님의 선교에 뿌리를 두고 있다. 창조주
하나님은 그 권리를 갖고 있다. 선교는 본질적으로 자신이 창조한
피조세계 회복을 향한 하나님의 일이고 우리는 그 일에 부르심을
받아 참여하는 자일뿐이다. 하나님의 선교에의 참여로서 선교는
서구의 식민주의나 제국주의를 정당화하기 위한 수단에 불과하다
는 비난으로부터 벗어나 복음증거의 정당성을 부여해준다.

계량적 성과주의의 극복

한편 하나님의 선교가 선교 현장에 주는 또 다른 의미는 가시적 성과 중심으로 평가되고 경영학적 전략이 중시되는 실용주의적 선교 현장에 새로운 변화를 가져다준다는 점이다. 근대 선교 구조는 그 본질이 기업의 구조를 적용한 것이어서 조금만 잘못 운영되면 선교를 투자에 상응하는 가시적 성과를 만들어내는 과정으로 변질시킬 위험이 있다. 개종자의 수나 개척된 교회의 숫자 중심으로 선교사역이 평가되고 그 평가 과정은 '경영학적' 원리에 의해 지배될 수 있다. 투자된 인적 물적 자원이 효율적으로 사용되어 현지에 얼마나 많은 교회, 즉 가시적 결과물들을 산출해냈는가에 관심이 집중된다. 이러한 선교 이해는 미국 중심으로 발전한 실용주의적 선교학의 특징이다. 사무엘 에스코바는 이런 관점을 "관리적 선교학"(managerial missiology)이라 불렀다.

AD 2000 and Beyond 운동과 같은 교회성장학파 또는 운동들과 연관된, 미국 파사데나에 있는 여러 복음주의 기관들 중심으로 발전된 선교학에서 나온 특이한 성향은, 기독교 선교를 관리적 사업으로 축소하려는 시도이다. 이 선교학은 선교사역을 가시적인 양적 틀 안에서 이해하려는 특성을 갖고 있다. … 미국에서 나온 전형적인 학파로서 양적 성과를 중시하는 실용주의적 성향을 반영한다. 관리적(경영학적) 평가는 성취 여부를 측정 가능한 수치로 축소하려 하는데, 선교적 행위들 역시 동일한 방식으로, 양적으로 객관화해 평가하려는 경향을 갖는다. 복음적 과제가 마케팅 원리에 따라 실행될 수 있는 과정으로 축소되는 것과 마찬가지로, 선교적 행위도 여러 목표들의 성취 여부에 대한 관리 과정으로 이해되며 이를 위한 논리적 단계로 변형되며 직선적인 과제로 축소된다(에스코바 2004, 198).

에스코바는 선교를 마케팅 전략의 관점에서 접근하는 것에 대해 반대한다. 통계화할 수 없는 영적 차원, 고난, 성령의 기적적 개입과 초월적 역사, 실패를 통한 돌파 등 복음의 핵심적 특성이 무시될 수밖에 없고 선교사역도 지나치게 가시적 성과 중심으로 진행될 위험이 있기 때문이다.

관리적 선교 관점을 극복하는 대안으로 에스코바는 삼위일체 선교학(Trinitarian missiology)을 제안한다(에스코바 2004, 205). 하나님의 선교는, 가시적 성과를 위해 내몰리는 피곤한 과정을 하나님과의 동행이라는 행복한 참여로 바꿀 수 있다. 극심한 스트레스 속에서 진행되던 선교가 하나님의 기적을 경험하는 여정이 될 수 있다. 삼위일체 하나님의 선교는 지나치게 실용주의적으로 접근했던 근대 선교운동의 한계를 극복하는 대안을 제시해 준다.

선교, 기쁨의 분출

여기서 그분의 선교임을 명심하라. 가장 중요한 점은 그것이 언제나 그분의 선교임을 인식하는 것이다. 선교를 교회에 주어진 명령으로 강조할 때 따르는 위험은 선교사역을 하나의 선행으로 보고 우리 스스로 행위를 통해 의롭게 되고자 하는 유혹을 받는 것이다. 사실 우리는 이런 유혹을 늘 받고 있는데, 선교 명령이란 개념이 이를 부추기는 셈이다. 이런 견해에 따르면 불신자를 멸망에서 구출하는 자는 바로 우리다. 그런데 신약 성경이 강조하는 바는 그 반대인 것 같다. 예수조차 자신이 하는 말과 행위가 자기 것이 아니라 아버지의 것이라고 했다(뉴비긴 2007, 225).

하나님의 선교가 선교현장에 비춰주는 또 다른 의미는 "선교는 무엇인가?"라는 선교현장에서의 질문에 대한 답을 준다는 것이다. 위에 언급한 뉴비긴의 설명은 하나님의 선교가 성취적 관점에서 벗어나 선교의 본질을 회복하도록 돕는다는 것을 보여준다.

1996년, 필자의 가정은 태국에 입국했다. 복음으로부터 단절되어 있던 무슬림들 가운데 살면서 이들에게 소망이 되고 싶었다. 1년 여 동안의 언어 공부를 마친 뒤 큰 기대를 갖고 무슬림 사회 속으로 들어갔다. 그런데 무슬림 공동체 안에 살게 되면서 느낀 첫 감정은 좌절감이었다. 이슬람을 중심으로 똘똘 뭉친 무슬림 집단을 보면서 이들을 복음으로 돌파한다는 것이 불가능해 보였기 때문이다. 이들 모두를 회심시켜 하나님의 백성으로 만드는 것이 가능하기는 한 걸까? "아무도 멸망하지 아니하고 다 회개하기에 이르기를 원하시느니라"(벧후 3:9)는 말씀이 그렇게 무거울 수가 없었다.

몇 년 뒤 국제단체와 함께 사역하게 되면서 함께 장기적인 사역 목표를 세웠는데, 10-15년 내에 무슬림 개종자들로 구성된 (상황화된) 5개 이상의 가정교회를 세우는 것이었다. 이미 50년 가까이 무슬림 사역이 시도되었음에도 불구하고 정상적인 무슬림 개종자 공동체를 세울 수 없었던 것을 고려하면 파격적인 목표였지만,[3] 500만으로 추정되는 태국 내 무슬림 모두를 복음화하는 것과는 거리가 멀었다. 대부분의 무슬림들이 예수를 모른 채 죽어가고 있다는 생각에 깊은 좌절감이 들었다. 마음 한편에 이런 의문이 들었다. "과연 하나님은 우리에게 이 종족 모두를 빠짐없이 기독교인으로 만들 것을 기대하시는가?"

『다원주의 사회에서의 복음』에서 뉴비긴은 이 질문에 대해 새로운 관점을 제시해 준다.

선교사역의 목표는 다양하게 설정되어 왔다. 때로는 가능한 최대의 숫자가 회심하여 교회에 편입되는 것을 주목표로 삼았다. 선교의 성공 여부가 교회 성장에 의해 평가된다. … 그런데 바울의 평가 기준은 상당히 다른 것 같다. 그는 로마의 그리스도인들에게, 자기가 예루살렘에서 아드리아해에 이르는 광대한 지역에서 할 일을 다 마쳤기 때문에 "이제는 이 지역에서, 내가 일해야 할 곳이 더 없습니다"(롬 15:23)라고 말할 수 있었다. 그러면 정확하게 무슨 일을 했는가? 그 지역의 모든 사람을 회심시킨 것은 아니다. 바울의 말을 그대로 인용하면, "복음을 남김없이 전파했고," 복음을 믿고 복음을 따라 사는 공동체를 남겨 두었다고 했다. 그래서 선교사로서 할 일을 마쳤다는 것이다. 우리의 눈에는, 그 지역에 아직 복음을 듣지 못했거나 복음을 영접하지 않은 사람들이 엄청나게 많은데 그 문제에 대해 바울이 고민하지 않는 것이 이상하게 보일 것이다(뉴비긴 2007, 231).

이 책의 다른 곳에서는 "개개인의 영혼을 멸망에서 구원하는가 구원하지 못하는가 하는 문제가 선교 논리의 중심을 차지하는 것이 아님이 분명하다. … 물론 이 문제를 배제할 수는 없지만, 나는 이것이 신약성경의 중심을 차지한다고 생각하지 않는다"(뉴비긴 2007, 237)라고 주장한다. 영혼구원이나 교회 성장이 중요하지 않다는 것은 아닐 것이다. 다만 성경이 말하는 하나님의 궁극적 목적은 하나님 나라의 회복이며 하나님의 구속사역은 영혼 구원, 교회 성장 등을 포함하는 보다 큰 그림을 지향한다고 봐야 한다.

뉴비긴의 설명은, 예수를 모른 채 영원한 멸망을 향하고 있는 사람들에 대한 죄책임으로부터 필자를 자유케 해 주었다. 하나님이 내게 기대하는 것은 모든 무슬림을 기독교로 개종시키는 것이 아니라는 확신이 들었다. 성취될 수 없는 목표를 향해 떠밀려 좌절하는 것은 하나님의 뜻이 아니다. 이런 점에서 뉴비긴은 선교를 명령에 대한 순종으로 보는 것에 반대한다. 오히려 하나님의 구속의 역사를 개인적으로 체험하고 그 소식을 아직 예수를 모르는 사람들에게 전하고자 하는 자연스런 (기쁨의) 분출이다. 요한복음 4장 수가성 여인의 모습처럼, 선교는 "온통 기쁨이 폭발하면서 시작된다"고 주장한다.

앞서 행하시는 하나님

한편 '삼위일체 하나님의 선교'는 우리보다 앞서 선교의 현장에서 도착해 일하시는 하나님을 만나게 해 준다. 선교사가 투입되기 이전에 이미 하나님이 그 지역, 문화권에서 일하고 계심을 주목하게 해 준다. 예수님은 "내 아버지께서 이제까지 일하시니 나도 일한다"(요 5:17)라고 말씀했다. 아담과 하와의 범죄 이후, 타락한 피조 세계를 회복하기 위해 하나님은 한시도 쉬지 않고 일해 오셨고 이는 오늘날에도 변함이 없다. 중요한 것은 하나님이 일하신 흔적들을 찾아 거기서부터 사역을 시작하겠다는 우리의 태도다.

가톨릭 신부였던 빈센트 도노반(Vincent J. Donovan) 선교사가 아프리카 마사이 종족 가운데 사역하면서 성찰한 내용을 정리한 『선교사보다 앞서 가신: 킬리만자로에서 피어난 그리스도』가 이를 잘 보여준다. 도노반 선교사는 오랜 사역에도 별다른 열매가 없었던 마사이 종족 사역을 시작하면서 새로운 원칙을 세운다.4 서구 문명을 앞세우는 방식을 내려놓고 성경을 가르치는 일에 집중하며, 복음을 토착 문화의 그릇에 담아 전파한다. 서구 교회의 전통, 신학을 전하지 않고 마사이족의 세계관 위에 교회를 세울 수 있도록 돕는다. 이미 그들 가운데 일하고 계신 하나님을 발견하고, 믿는 공동체가 세워지면 선교사는 그 공동체를 성령과 현지 지도자들의 손에 맡기고 즉시 떠난다.

도노반이 교리 교사로 준비시키고 있던 마사이 청년 폴과 나눈 '하나님을 믿는다는 것'의 의미에 대한 대화가 하나님의 선교에 대한 새로운 이해를 보여준다. 폴은 기존의 '신앙'이란 단어는 사냥꾼이 총으로 짐승을 쏘는 것을 의미한다고 하면서 이는 마사이 족이 믿는 바를 잘 표현하지 못한다고 했다. '하나님을 믿는 것'을 더 잘 보여주는 단어는 '사자가 사냥감을 움켜쥐는 모습'을 묘사하는 말이다. 이 단어는 '사자가 사냥감을 쓰러뜨리고 그 먹이를 앞발로 감싸 자기 것으로 만든다'는 의미를 담고 있다. 그러면서 마사이 족이 하나님을 믿는다는 것은, 하나님이 먼저 자신들을 발견하고 쫓아와 그들을 자신의 것으로 만드는 것이라 설명한다.

신부님, 우리가 신부님을 찾은 것이 아닙니다. 우리는 신부님이 여기 오기를 바라지도 않았습니다. 신부님이 우리를 찾아내셨습니다. 고향을 떠나 우리를 따라서 숲으로, 평원으로, 가축이 있는 초원으로, 우리가 가축에게 물을 먹이는 언덕으로, 우리 마을로, 우리 집으로 찾아오셨습니다. … 우리는 그분을 찾아 헤매지 않았습니다. 그분이 우리를 찾으셨습니다. 그분이 찾아다니다가 우리를 찾아냈습니다. 우리는 항상 우리가 사자라고 생각했습니다. 하지만 결국 사자는 하느님이십니다 (도노반 2012, 123).

폴의 설명을 듣고 도노반 선교사는 깨닫는다. 하나님은 선교사보다 앞서 그 지역에서 이미 일하고 계신다. 사자처럼 쫓아가 그지역 영혼들을 '사자가 먹이를 앞발로 감싸 자기 것으로 만들듯이' 그들을 하나님 나라로 이끄신다.

하나님의 선교'를 발견한 도노반 선교사는, 자신의 전략, 계획을 포기하고 전적으로 하나님의 인도를 따르기로 한 자신의 방식이 옳았음을 발견한다. 최소한의 사역 방향과 원칙은 필요하지만 나머지 영역은 그때그때 성령의 음성에 귀를 기울이면서 하나님의 인도에 순종한다. 도노반 선교사가 남긴 '하나님의 선교'에 대한 교훈을 절친이었던 유진 힐먼 신부는 다음과 같이 정리했다.

> 설교자나 복음 선포자가 도착하기 전에 이미 주어진 성령의 선물인 은총이 두루 퍼져 있다는 점을 감안할 때, 선교사는 먼저 대화의 동등한 파트너로서 타자의 전통적인 신앙 공동체 안에 이미 현존하는 '진리와 은총'의 요소들을 듣고 식별하는 법을 배워야 한다. 이것은 모험적인 부분이다. 왜냐하면 복음 선포자는 준비되어 있지 않을 수도 있는 도전에 정직하게 열려 있어야 … 하기 때문이다(도노반 2012, 370).

이를 잘 보여주는 또 다른 사례는 '평화의 사람을 통한 전도법'이다. 교회가 없는 새로운 지역에 들어가게 될 때, 전도자는 그 지역에 있는 '평화의 사람'을 찾아 그를 중심으로 전도하는 것이다. 이 접근법은 제자들을 보내며 예수께서 주신 지침에 근거한다. "만일 평안을 받을 사람(a man of peace)이 거기 있으면 너희의 평안이 그에게 머물 것이요"(눅 10:6). 복음에 적대적인 지역일지라도 그 안에는 우리가 사역하기 전부터 하나님이 미리 준비시켜 놓은 '평화의 사람'이 반드시 존재한다고 전제한다. '하나님의 선교'는 선교사들이 도착하기 전에 이미 진행되고 있기 때문이다.

예수의 하나님 나라에 대한 비유도 선교가 하나님이 앞서 행하시는 일임을 보여준다.

> 또 이르시되 내가 하나님의 나라를 무엇으로 비교할까 마치 여자가 가루 서 말 속에 갖다 넣어 전부 부풀게 한 누룩과 같으니라 하셨더라(눅 13:20-21).

맛난 빵을 굽기 위해서는 밀가루 반죽을 부풀리는 발효 과정이 반드시 필요하다. 그런데 반죽을 부풀리는 일은 누룩의 보이지 않는 과정을 통해 일어나며 이는 "하나님의 은밀한 일하심"을 암시한다. 여인이 할 일은 반죽 후 그저 기다리는 것이다. 한편 땅에 뿌려진 씨앗이 싹이 트고 이삭이 되고 열매를 맺는 과정 역시 (보이지 않는 과정에서) 하나님이 하시는 일이다.

> 또 이르시되 하나님의 나라는 사람이 씨를 땅에 뿌림과 같으니 그가 밤낮 자고 깨고 하는 중에 씨가 나서 자라되 어떻게 그리 되는지를 알지 못하느니라(막 4:26-27).

농부의 수고가 필요하기는 하지만 열매 맺는 일은 전적으로 하나님 몫이다. 주님은 우리를 향해 "너희 중에 누가 염려함으로 그 키를 한 자라도 더할 수 있느냐?"라고 도전하시며 하나님의 일하심에 전적으로 의존하라고 말씀한다.

번역으로서의 선교

옮겨심기가 아니라 씨뿌리기

문화화는 일종의 성육신의 진행과정이다. 이 접근방식이 의미하는 것은 단순한 교회의 이식이 아니라 각 새로운 상황과 문화 속에서 교회가 새롭게 태어나는 것이다. … 이것에 대한 적절한 비유를 든다면, 특정 문화의 토양에 심겨진 씨앗이 자라서 꽃을 피우는 것이 될 수 있을 것이다. 코야마(K. Koyama)는 … 주장한다. "그것은 이미 다 자란 어떤 나무의 이식, 이를테면 암스테르담에서 자카르타로 옮겨심는 것이 아니다. 사실 토착화는 이미 다 자란 나무의 이식 과정과 비판적인 대조를 이룬다. 이식(transplantation)으로부터 뿌리내리기(rooting)로의 전환은 하나의 어렵고도 힘든 과정이다"(니센 2005, 265).

선교는 이미 모양을 갖춘 기독교를 새로운 문화 속으로 옮겨심는 과정이 아니다. 선교지로 떠날 때 선교사는 다 자란 나무를 가져가지 않는다. 한 움큼의 씨앗을 품고 간다. 그리고 새로운 기후와 토양 속에 이 씨를 심고 새롭게 자랄 나무를 기다린다. 그런데 이 나무는 어쩌면 고국에서 본 나무의 모습과 많이 다를 수 있다. 씨뿌리기 비유는 복음이 번역 가능성을 갖고 있음을 보여주는 탁월한 예다. 새로운 문화라는 토양에 심긴 복음이라는 씨앗이 새로운 나무로 자라나는 과정은 마치 하나님의 말씀이 새로운 언어로 번역되는 과정과 흡사하기 때문이다.

선교가 번역의 과정임을 잘 보여주는 사례는 사도행전 2장의 성령강림과 그 때 일어난 사건이다. 교회가 탄생하는 순간 성령이 가장 먼저 한 일은 복음을 각 나라의 방언들로 번역하는 일이었다. 유대 문화에 젖어 있던 예루살렘 교회는 그 태생부터 자신들이 이해한 복음을 열방의 난 곳 방언으로 번역해야 하는 사명을 갖고 태어났다. 복음은 유대 문화를 넘어 퍼져 나갈 것이며 새로운 문화에 심겨진 복음이 새로운 기독교 정체성으로 자랄 것임을 암시한 것이다.

인도에서 사역한 스탠리 존스(Stanley E. Jones) 선교사는 1925년에 출판된 『인도의 길을 걷고 있는 예수』에서 브라만 계급의 인도인과의 대화를 소개하면서 이렇게 말했다.

인도의 길을 걷고 있는 예수와 갈릴리 호숫가를 거니시던 그리스도와 무엇이 다릅니까? 전혀 다르지 않습니다. 그리스도는 이제 인도의 길거리에서 아주 익숙한 존재가 되어가고 있습니다. 그는 이제 자연스럽게 인도인이 되어가고 있습니다. 인도인들의 사고 속에서 여러분은 이제 점점 더 자주 그리스도를 만나게 될 것입니다. 인도인들의 넓은 사고 속에서 그분의 임재하심을 느끼게 될 것입니다. 인도인들의 주체적 결정과 행동 가운데서 그는 점점 보편적인 존재, 권위를 가진 존재가 되어가고 있습니다(존스 2005, 48).

존스는 복음이 심겨지는 모든 문화 속에서 예수의 성육신 원칙이 동일하게 적용됨을 강조한다. 같은 책에서 설명한 그의 선교원칙은 번역으로서의 선교에 대해 많은 것을 시사해 준다.

지금 와서 되돌아보니 이들 내용5보다 더 중요한 두 가지 원리가 우리를 이끌어왔다는 사실을 깨닫게 되었습니다. (먼저) 나는 '기독교'란 용어를 사용하지 않았습니다. … (다음으로) 그리스도는 반드시 인도의 방식으로 소개되어야 합니다. 우리가 소개하는 그리스도는 인도의 길에서 만나는 그리스도가 되어야 합니다. 나는 인도의 민족주의를 거스르는 어떠한 운동도 성공하지 못할 것이라 생각하며, '기독교'가 성공하지 못하는 것도 바로 그 민족주의를 거스르기 때문이라고 생각합니다(존스 2005, 39).

인도 상황에서 '기독교'라는 말은 서구적 종교라는 인식이 강했기 때문에 존스는 '기독교'보다는 '그리스도'를 소개하려고 애썼다. 선교사는 서구인이 만난 그리스도가 아니라 인도의 길거리에서 만나는 그리스도를 소개해야 한다. 복음은 서구 문화의 옷을 입은 기독교가 아니라 지금도 우리 가운데 거니시는 부활하신 그리스도와의 만남 속에서 발견되어야 하기 때문이다. 그리고 하나님의 백성의 공동체는 인도의 길 위에서 만난 그리스도에 대한 인도인들의 고백 위에 세워져야 한다. 백 년 전에 제시된 존스의 이 도전은 21세기 선교 현장에서 사역하는 선교사들에게도 동일하게 중요한 지침이다.

언어를 넘어서는 번역

교회는 오순절날 성령의 임하심으로 시작되었다. 눈에 보이는 모습으로 임한 성령이 하신 첫 사역은 복음을 다른 언어로 번역하는 일이었다. 사도행전 2장의 기록을 보면 꽤 많은 언어로 복음이 번역되었음을 알 수 있다. 그러나 성경이 제시하는 번역은 단지 언어적 차원에만 머무르지 않는다. 사도행전 11장 안디옥 교회는 번역이 신학적 차원까지 확대됨을 보여준다. 이방인으로 구성된 안디옥 교회는, 유대적 개념인 '메시야'(그리스도)가 아니라 이방 신을 지칭할 때 사용되던 헬라적 용어, '퀴리오스'(kyrios)로 예수를 소개하기 시작했다. 앤드류 월스는 이 번역 과정의 중요성을 다음과 같이 설명하고 있다.

이름이 알려지지 않은 키프로스와 구레네 출신 몇 사람이 안디옥에서 그리스 사람에게 '주 예수'를 전했다(행 11:20). 그전에 이뤄진 모든 선포에서 예수님은 이스라엘 구원자인 메시아로 제시되었다. 그런데 이 새로운 그리스계 이교도들에게는 예수님이 '퀴리오스'(kyrios)라는 호칭, 즉 그리스계 이교도들이 그들의 숭배 대상을 부르는 명칭으로 제시되었다. … 그 이교도들이 칠십인역을 읽고 있던 공동체 안으로 들어왔고, '퀴리오스'라는 단어를 성경적으로 연상해 그들의 마음에 담아서 예배 대상으로 삼았기 때문이다. 첫 만남에서 '퀴리오스'를 예배 대상에게 사용하게 된 것은 아주 중요한 사건이었다(월스 2018, 91).

월스는 안디옥에서 일어난 이 신학적 번역 사건이, 이후 복음이 문화를 넘어 새로운 지역에 뿌리내리게 되었을 때 중요한 이정표가 되었다고 평가한다. 오늘날 관심사가 되고 있는 '자신학화' 논의의 초기 모델이라 할 수 있다.

한편, 이 번역의 과정은 교회의 정체성 형성 과정에도 연결된다. 사도행전 10장은 이교도였던 고넬료 가족의 회심을 기록하고 있다. 베드로의 복음 증거와 성령의 강림을 통해 집단 개종이 일어났고 자연스럽게 이방인들로 구성된 새로운 가정교회가 탄생했다. 이들이 만든 교회의 모습은 예루살렘 교회와는 여러 면에서 달랐을 것이다. 11장의 안디옥 교회 역시 유대적 문화 위에서 세워진 예루살렘 교회와는 다른 정체성을 갖고 있었다.

믿는 공동체들의 서로 다른 정체성은 자연스럽게 긴장과 갈등을 야기했는데 예루살렘 공의회는 이 문제를 해결하기 위한 모임이었다. 사도행정 15 장에 기록된 회의 모습은 오늘날 우리가 선교현장에서 어떤 교회를 세워야 하는지를 보여준다. 예루살렘 공의회에서는 두 가지 결정을 했다. 하나는 "이방인 중에서 하나님께로 돌아오는 자들을 괴롭게 하지 말고"(행 15:19)이며 다른 하나는 "다만 우상의 더러운 것과 음행과 목매어 죽인 것과 피를 멀리하라"(행 15:20)이다. 전자는 이방인 교회들에게 유대 문화적 굴레를 씌우지 않겠다는 결정으로 각기 다른 문화에서 자신들의 문화적 토양에 맞는 교회들을 세울 수 있도록 허락한 것이다. 복음이 새로운 문화 속에서 새로운 교회 정체성으로 번역될 가능성을 열어주었다. 후자는 그럼에도 불구하고 모든 교회는 하나이며 이를 위해 하나됨을 거스르는 장애물들이 극복되어야 함을 강조한 것이다.6 사도행전 15 장은 교회가 고유의 정체성을 세울 수 있도록 하는 복음의 번역 가능성을 제시하면서 동시에 교회의 하나됨을 유지하기 위한 헌신의 중요성을 보여준다. 이는 오늘날의 선교현장에도 적용되어야 하는 중요한 지침이다.

몇 가지 사례들

주요 신학용어의 번역

오순절날 성령이 보여주셨던 것처럼, 번역은 무엇보다 복음의 언어적 번역을 의미한다. 성경 번역을 중심으로 번역 과정은 선교 역사 내내 진행되었다. 여기서는 복음의 번역과정을 보여주는 가까운 예를 살펴보자.

복음이 중국에 들어오게 될 때 주요 신학적 용어에 대한 번역은 선교사들이 가장 먼저 부딪친 문제였다. '하나님'을 어떤 말로 번역할 것인가? 유대인이 익숙한 '야훼'나 '엘로힘'을 사용한다면 중국인들이 잘 알아듣지 못할 뿐만 아니라 기독교가 전하는 신은 먼 중동 지역의 신으로 오해될 터였다. 온 우주의 창조주이면서 동시에 중국인들 가운데 구원의 길을 제시한 하나님을 소개할 수 있는 적절한 용어를 찾는 일이 시급했다. 가톨릭의 예수회(Jesuit) 선교회 소속이었던 마테오 리치(Matteo Ricci)는 당시 중국사회를 지배하던 유교 문화 안에서 그 용어를 찾았고 그 결과가 '상제'(上帝)였다. 천지만물을 주관하는 절대자이면서 동시에 인격적 존재를 상징하는 용어였기에 성경의 하나님을 설명하기에 적절하다고 판단한 것이다. 그런데 뒤에 들어온 다른 선교회의 선교사들은 이 번역에 반대했다. 우상숭배 종교인 유교의 신 개념을 수용함으로써 하나님에 대한 이해를 왜곡시켰다는 것이었다. 이들은 교황청에 리치의 번역을 혼합주의로 고발하고, '천주'(天主)라는 새로운 용어를 만들어 사용해야 한다고 주장했다. 이 논쟁은 거의 백 년 가까이 진행된 뒤 최종적으로 '천주'로 결정된다.

17세기 중반부터 18세기 초까지 이어진 신 명칭과 조상제사에 대한 전례논쟁에서 도미니크회와 프란체스코회는 유교 용어와 의례를 수용한 예수회의 혼합주의를 비판했다. 1715년 교황 클레멘스 11세(재위 1700-21)가 교서 *Ex Illa Die*(그날로부터)에서 청의 의례인 공자 제례와 조상제사를 금지했을 때 上帝와 天의 사용도 금지하고 대신 天主를 사용하도록 했다. 바티칸 신학자들이 상제의 사용을 금지한 이유는 유럽 천주교의 *Deus*가 중국 황제와 혼동되는 것을 우려한 점도 있었다(옥성득 2020, 95).

이렇게 해서 가톨릭은 천주교(天主敎)가 된다. 이들보다 한참 뒤에 들어온 개신교 역시 유사한 논쟁을 하게 되지만, 이들은 (가톨릭과의 차별성을 위해) '상제'(上帝)를 선택한다.

이 논쟁은 한국으로 건너와 새로운 국면을 맞는다. 한자어인 '상제'를 사용할 것인가? 아니면 토착 신앙에서 사용하던 '하나님'(하느님)을 사용할 것인가? 선교사들은 중국 개신교 선교사들이 이미 긴 토론을 거쳐 결정한 '상제'를 선호했지만 한국인 신자들은 한국인들이 쉽게 받아들일 수 있는 '하나님'을 원했다. 다시 긴 토론이 진행되었고 '하나님'으로 결정되기까지 30년이란 세월이 필요했다. 오늘날에도 새로운 언어, 문화에 복음이 전해질 때마다 이 과정은 동일하게 반복되고 있다.

새 품종 기독교

한국 교회는 서구 기독교가 성공적으로 이식된 대표적 사례 중 하나로 여겨져 왔다. 그러나 이는 사실이 아니다. 재미 한인학자인 옥성득 교수는 2014 년, 자신의 박사학위 논문을 『한국 기독교 형성사』(The Making of Korean Christianity)로 출판했는데7 그는 이 책에서 한국 교회는 서구 기독교의 이식의 결과가 아니라고 주장했다. 서구로부터 받은 복음이 한국적 토양에 심겨져 한국적인 정체성을 가진 '신품종' 기독교로 '만들어진'(making) 결과다. 그는 한국 기독교의 초기 역사 분석을 통해 자신의 주장을 증명했다.

> 이 책은 19 세기 말 20 세기 초 앵글로색슨 (미국, 영국, 캐나다, 호주) 기독교가 한국에서 중국 기독교와 한문 문서를 이용하여 한국종교와 만나 접촉점을 찾고 대화하면서 한국 문화에 접목되어 새로운 한국적 기독교라는 신품종을 만든 통합의 역사를 탐구한다. … 삼겹줄처럼 강력한 미중한의 삼중 요소의 통합은 한국인의 주도성과 영성과 신학적 창조성으로 만들어졌다. … 이 책은 한국 기독교 형성과정에 나타난 기독교의 번역성과 현지화의 독특성에 초점을 맞추면서 동시에 그 종교 문화적 토착성을 가진 한국 기독교가 세계 기독교의 보편성과 다양성에 기여하는 길을 찾으려 한다(옥성득 2020, 15-16).

최근 강화도를 방문했다가 한국적 기독교 형성(making) 과정을 보

여주는 흥미로운 사례를 발견했다. 마니산 중턱에 마리산 기도원
이 있는데 이는 강화 지역 부흥운동을 이끈 운동 중 하나인 '마리
산 기도회'를 기념하기 위해 세워진 것이다. 마리산은 '마니산'의
옛 이름으로 이 기도회는 단군을 상징하는 마니산 정상의 참성대
에서 진행된 기도회를 의미한다. 1915년 시작된 이 기도운동은
1960년대까지 지역 부흥 운동을 이끌었다.

마리산 부흥회는 일제하 강화 기독교인들이 형성한 독특한 신
앙형태로 기독교 신앙과 민족의 해방과 독립, 단군신앙 등이
서로 조화를 이루었다. … 당시 교회들은 부흥회와 사경회를
자주 개최하였는데, 새벽기도회로 하루를 시작하여, 오전에는
성경공부하는 사경회를 열고, 오후에는 교인들이 흩어져 개인
전도와 낙심자들을 심방하고 저녁에는 부흥회로 모였다. 이들
의 마지막 부흥사경회의 모임은 마리산 참성단에서 가졌는데
이 때 강화의 여러 교회는 연합집회로서 기독교인 수백인이
모여 노천기도를 올렸다. … 이들 기독교인은 당시 일제가 의
도적으로 훼손했던 참성단을 보수하면서 국조 단군의 민족신
앙과 기독교 복음을 동앗줄처럼 하나로 연결시켰다. 참성단에
올라 집회를 가진데서 훗날 '마리산부흥회'란 명칭이 붙여졌
고 강화 기독교인들만의 특이한 신앙집회로 자리잡게 되었
다.[8]

강화 기독교인들은 우상숭배의 장소로 여겨질 수 있는 '참성단'
을 성경적 하나님을 만나는 장소로 재해석했고 이곳을 기독교 성

지로 삼았다는 사실이 흥미롭다. 기도회를 열었을 뿐이라 그곳을 보수해 강화 지역 복음화를 위한 장소로 활용하려 했다는 사실은 기독교가 한국 문화에 뿌리내리는 과정에서 얼마나 다양한 선교학적 도전들을 시도해 왔는지를 짐작케 한다. 문화적 번역 과정의 한 예로 선교학적 연구를 해볼 만하다.9

낙타전도법과 S 목사

좀 더 최근의 사례로서 무슬림 사역 현장에서 진행되는 복음의 번역에 대해 필자의 경험을 통해 설명할까 한다. 무슬림을 위한 낙타전도법의 초기 모델을 만든 S 목사의 이야기다.10

S 목사는 2011 년 말레이시아 페낭에서 열린 케빈 그리슨(Kevin Greeson)의 낙타전도법11 세미나에서 만났다. 그는 남아시아 B 국 출신으로 낙타전도법을 통해 자국 내에서 많은 무슬림들을 주님께 인도한 전도자였다. 낙타전도법은 미국인 선교사 그리슨이 만든 것이지만 그 모델이 된 시도들은 그의 사역으로부터 나왔다. 세미나가 끝날 때 쯤 S 목사가 뜬금없이 다음 해에 방콕에 가서 그곳에 사는 B 국 출신 무슬림들 전도를 하려 하는데 도와줄 수 있겠느냐 물었다. 나는 기꺼이 돕겠다고 했다. 2012 년, 그는 전도지, 책자 그리고 비디오 등을 담은 큰 가방을 들고 방콕으로 왔다. 일주일 동안 그의 방콕 사역을 곁에서 도우며 많은 대화를 할 수 있었다.

그는 타고난 전도자였다. B 국 내에서도 여러 곳을 다니며 무슬림을 대상으로 복음을 전하고 있었고 주님의 인도하심에 따라 전도를 위해 주변 국가들을 방문하기도 한다. 주님이 태국에 사는 B국 출신 무슬림 전도에 대한 부담을 주셨는데 마침 그때 필자를 만났고 그래서 방콕에 오게 된 것이라 했다. 그는 기도의 사람이었다. 방콕에 사는 B국 출신 무슬림들의 상황을 개략적으로 알고는 있었지만 구체적인 일정은 그날 그날 주님의 인도를 구했다. 시내 중심가의 B국 출신 무슬림이 운영하는 음식점들을 시작으로 이곳 저곳을 방문해 복음을 전했다. 모스크도 방문해 태국인 무슬림들과의 대화도 시도했다. 무계획인 것처럼 보였지만 그의 전도 일정은 물흐르듯 매끄러웠다. 기독교로의 종교적 개종은 그의 관심이 아니었다. 성육신하신 하나님이며 우리의 구원자인 예수를 인격적으로 만나도록 돕는 일에 집중했다. 내 기준으로 보면 방콕에서의 사역적 결과는 그리 만족스럽지 못했다. 관심을 보이는 사람들은 있었지만 회심을 결단하는 경우는 없었다. 그러나 S 목사는 여유로왔다. "씨를 뿌렸으니 나머지는 윗분이 하실거예요." 이미 많은 열매를 경험한 사역자의 여유로 보였다.

S 목사와 동행하면서 무슬림 전도에 대해 많은 것을 배웠다. B국 언어로 하는 말을 다 알아들을 수는 없었지만 그가 이슬람 경전인 꾸란 내용을 사용해 능수능란하게 성경의 예수를 소개한다는 것을 알 수 있었다. 꾸란을 사용하는 그의 독특한 전도 방식이 인상적이었다.

낙타전도법은 알라의 숨겨진 100번째 이름을 낙타만 알고 있다는 어떻게 보면 조금 엉뚱할 수 있는 내용의 이야기를 가지고 무슬림들에게 접근을 한 후 그들에게 그 100 번 째 이름은 바로 예수 그리스도라고 전하는 것이다. 그러나 알라의 이름에 얽힌 이야기는 접근법에 지나지 않는다. 낙타전도법의 핵심은 바로 무슬림들의 경전인 코란을 통해 예수님을 하나님의 아들이라고 증거하는 데 있다. 낙타전도법의 책 속에 등장하는 압둘(Abdul)이란 사람은 코란의 수라 3 장 42 절부터 55 절에 걸쳐서 사람이 영생을 얻는 법에 대해서 나오는데, 오직 예수 그리스도만이 영생을 얻을 수 있는 길이라고 소개하는 동시에, 예수 그리스도에 대해서 '거룩하고 흠이 없는 분, 죽음을 극복하시고 부활하신 분, 그리고 천국으로 가는 길을 아시는 분'이라고 기록하고 있다고 전한다.[12]

S 목사는 꾸란을 사용해 전도하는 것으로 인해 사역 초기 주변의 교회 지도자들로부터 비난을 받았다. 그러나 그의 시도는 많은 무슬림들을 주님께 이끌었고 오늘날 전 세계 많은 곳에서 무슬림들을 주님께로 이끄는 놀라운 도구로 사용되고 있다.

낙타전도법은 또 다른 형태의 번역을 보여준다. 현지인 사역자에 의해 시도된 새로운 방식의 복음 전도는, 서구 선교사에 의해 하나의 전도방법으로 발전되었다. 복음 전도 방법론이 새로운 상황에 맞도록 번역되고 그것이 전 세계 여러 지역으로 퍼져 새로운 돌파구를 만드는 도구가 되었다. 번역은 자신학화 시도들과 그 결과들이 세계화되는 과정들을 이끄는 주요 동력이 된다.

세계 기독교
상황에서의 선교

이제 세계화된 기독교의 상황 속에서의 새로운 선교 이해가 선교현장에 주는 의미를 생각해 보자. 세계 기독교는 기독교 선교가 더 이상 서구 교회의 전유물이 아니라 전 세계 다양한 교회들이 글로벌하게 하나로 연결되면서 만들어내는 새로운 장(場)이 되고 있다.

뒤바뀐 선교 환경

앞에서 언급했듯이 세계 기독교 인구의 무게 중심은 이미 서구에서 비서구 지역으로 옮겨졌다. 2050 년이 되면 전 세계 기독교 인구의 80% 가까이가 비서구 지역에 거주하게 된다. 이런 기독교 인구 중심축의 변화는 당연히 선교운동의 무게 중심의 변화로 연결되고 있다. 2021 년 현재 비서구 교회가 자국 밖 해외로 파송한 선교사의 수가 서구와 비슷한 수준이 되었다.

북반구 출신의 장기 선교사의 비율은 감소하고 있다(2021 년 227,000 명으로 전체 선교사 430,000 명의 53%다. 이는 1970 년의 88%에서 감소한 것이다). … 한편, 남반구 국가들에서 파송되는 선교사의 수는 1970 년 31,000 명(전체의 12%)에서 2021 년 203,000 명(전체의 47%)으로 증가하고 있다. 북아메리카와 유럽은 오늘날에도 여전히 많은 수의 타문화 선교사를 보내고 있지만, 브라질,

한국, 필리핀, 중국 등 비서구 국가도 많은 수의 선교사를 보내고 있다(Zurlo, Johnson & Crossing 2021, 16-17).

비서구 교회의 세계복음화 운동 참여는 이미 1970년대부터 예견되었고(윈터 2010, 414), 21세기에는 단순한 참여를 넘어 선교운동의 중심축으로 바뀌고 있다. 이는 자국 밖으로 선교사를 가장 많이 파송한 국가들의 순위에서도 나타난다. 2021년 현재 가장 많은 선교사를 해외로 파송한 국가들은 1위 미국을 제외하면 2위부터 6위까지는 예전의 피선교지였던 브라질, 한국, 필리핀, 나이지리아, 중국이 차지하고 있다(Zurlo, Johnson & Crossing 2020, 12).

위에 언급된 통계는 자국 밖 해외로 파송한 선교사의 숫자만 언급하고 있는데, 자국 내 타문화 선교사의 수를 합하면 비서구 교회 출신 (타문화) 선교사의 수가 압도적으로 많을 것으로 추정된다. 타문화 선교사 기준으로 본다면 선교운동의 중심축도 이미 비서구로 기울었다고 봐야 한다.

비서구 출신 선교사들이 다수를 점하게 되는 21세기 상황에서의 선교운동은 어떤 면에서 변화를 요구하고 있는가?

먼저, 새로운 문화 속에 복음이 심겨질 때, 서구적 또는 한국적으로 해석된 기독교를 선교지에 심는 일은 지양되어야 한다. 선교사들은 현지 신자들 스스로 토착화, 자신학화 과정을 주도하고 그들 문화에 기초한 고유의 기독교적 정체성을 세울 수 있도록 도와야 한다. 이는 선교사가 한걸음 뒤로 물러남을 의미하며, 초기부터 선교의 안락사(euthanasia of a Mission)[13]를 준비하는 것을 의미한다.

한편 세계 기독교 상황은 선교사에게 이전에 없던 새로운 역할을 요구하는데 이는 각 지역에서 고유의 기독교 정체성으로 발전한 토착 기독교들이 전 세계를 잇는 글로벌 네트워크 속에서 서로 연결되고 함께 연합해 하나의 거대한 선교운동을 지향하도록 돕는 역할이다. 각 문화와 지역의 거리가 짧아지는 세계화 움직임 속에서 전 세계 모든 교회들의 다양한 선교운동들이 하나로 통합되는 과정이 선교운동의 주요한 특성으로 자리 잡고 있기 때문이다. 세계 기독교는 글로벌화(globalization)와 로컬화(localization)의 두 방향성이 공존하는 글로컬화의 과정으로 설명할 수 있는데 이 역동성은 선교운동에 그대로 적용되며 21 세기 선교사는 이 역동성 안에서 사역할 수 있는 역량을 갖춰야 한다.

새로운 중심, 새로운 선교

한걸음 더 나아가서 21 세기 선교운동은 기독교의 새로운 중심축으로 성장한 비서구 다수세계 교회들이 함께 할 수 있는 선교구조를 만들어야 하는 과제를 안고 있다. 이는 우월한 문명, 막강한 재정적 파워, 잘 정립된 신학 등을 앞세워 진행하던 서구의 (크리스텐덤) 선교 방식이 재고되어야 함을 의미한다. 근대 선교운동을 이끌던 서구의 선교방식을 비서구 교회들이 따라 하기에는 무리가 있다. 세계 기독교 상황에서의 선교는 전 세계 모든 교회들이 함께 공유할 수 있는 새로운 형태여야 한다.

아래 인용문에 나타난 크리스토퍼 라이트의 자기비판적 주장은 서구의 근대 선교 패러다임의 퇴진이 피할 수 없는 도전임을 보여준다.

첫째, 겸손과 회개가 필요하다. 겸손은 교회 성장과 세계복음화에 관한 엄청난 양의 책, 프로그램 그리고 전략 등이, 활발한 성장과는 거리가 먼 오히려 장기적인 생존여부를 염려해야 하는 그런 교회가 있는 세계로부터 나오고 있다는 아이러니에 대해 골똘히 숙고하게 만든다. … 전도에 관해 더 많은 것을 가르칠 수 있는 교회에 우리는 기성복 같은 전략들을 뻔뻔스럽게 수출하고 있다. 둘째 진정한 동반자 정신이 필요하다. … 이전에 복음을 받았던 국가들이 지금은 자신들이 받았던 10배나 더 많은 선교사들을 타문화권 선교를 위해 보내고 있는 (인도의 경우처럼) 상황에서조차, 우리는 여전히 '보내는 국가'와 '받는 국가'라는 말을 하고 있다(라이트 2012, 201-2).

그렇다면 과연 전 세계 모든 교회의 선교운동이 서로 연결되는 새로운 선교 패러다임은 어떤 모습이어야 하는가? 지난 세기까지의 시도는 서구 선교가 세운 틀 안에 비서구 출신 선교 자원들이 채워지는 형태였다. 리더십에 비서구 출신 지도자들을 세우고 단체 운영 방식도 비서구적 출신 선교사들에게 맞도록 일부 수정했지만 큰 틀은 기존의 패러다임을 유지했다. 그런데 21세기 상황은 기존의 선교 패러다임 자체의 본질적 변화를 요구하고 있다. 이는 구성원 변화나 선교구조의 변경을 넘어서는 것이다.

선포되는 메시지나 영적 차원에서도 새로운 도전에 직면해야 한다. 남반구의 성장하는 기독교는 여러 면에서 서구의 기독교적 정체성과 다르며 선교운동 역시 여러 면에서 새로운 양태를 보이고 있다. 이런 점에서 마이클 고힌(Michael Goheen)이 분석한 남반구 기독교의 특성은 미래 선교운동이 어떤 방향성을 갖게 될지 암시한다.

> 남반구 기독교가 성장하고 있다는 것은, 남반구 기독교에는 서구 교회와는 다른 것이 있음을 의미한다. … 이들 남반구의 교회들은 또한 신학적으로 그리고 윤리적으로 좀 더 보수적인 입장을 취할 뿐만 아니라, '신앙과 실천 방면에서 훨씬 더 헌신적이기도 하다.' 예배는 그들의 문화가 지닌 특징을 그대로 드러내는데. 이러한 특징은 서구와는 매우 다른 것이다. 그리고 마지막으로, 서구 외 지역의 교회는 '훨씬 더 열정적이고, 예언, 환상, 황홀경 상태에서 말하는 것 그리고 치유를 통해 표현되는 즉각적인 초자연적 사역들에 훨씬 더 중점을 기울이며 관심을 두고 있다. 남반구에서 성장하고 있는 교회를 이해하는 것은 특히 중요하다. 왜냐하면 바로 남반구에 속한 교회들이 21 세기 세계 기독교를 위한 리더십을 제공할 것이기 때문이다(고힌 2021, 210).

'강함'에서 '약함'으로

한편 세계 기독교 패러다임 위에서 전 세계 모든 교회들이 함께 공유하는 새로운 선교구조로의 전환은, 그에 합당한 (선교) '방식의 변화'를 요청한다. 선교방식이 어떻게 바뀌어야 하는가? 최근 논의되는 방향성은 초기 기독교 선교 패러다임으로의 복귀다.

앤드류 월스는, 정치적 경제적 약자이며 문명적으로도 우월하지 않은 비서구 교회들은, 정치적 힘과 우월한 서구 문명을 앞세워 복음을 전파했던 서구의 선교 방식과는 다른 길을 갈 수 밖에 없다고 말한다. 그 길은 핍박 속에서 사회적 약자로 살아야 했던 초기 그리스도인들이 걸었던 선교 여정과 유사할 것이다. 문명의 변두리 출신들이었고 각종 핍박을 견뎌내야 했던 정치적, 경제적 약자들이었지만 그들은 기적 같은 일을 해냈다. 당시 최강대국이었던 로마 제국을 복음으로 정복할 수 있었던 비밀은 무엇이었을까? 그 비밀은, 약함에서 나오는 복음의 능력이었다. "그러므로 내가 그리스도를 위하여 약한 것들과 능욕과 궁핍과 박해와 곤고를 기뻐하노니 이는 내가 약한 그 때에 강함이라"(고후 12:10)는 바울의 고백이 이를 잘 보여준다. 가난하고 무지한 비서구 교회들이 주도하게 될 21 세기 선교운동은 여러 면에서 초기 기독교 선교와 닮아 있다.

또 다른 목소리는 바울의 선교 방식을 21 세기 선교 현장에 적용하자는 것이다. 데이비드 보쉬(David Bosch)는 그의 책 『길의 영성』(A Spirituality of the Road)에서 고린도후서에 나타난 선교사 바울을 분석한다. 바울은 자신의 선교의 비밀이 '연약할 수 있는 용기' 즉 '약함'에 있다고 고백한다. 바울의 '약함의 영성'은 더 거슬러 올라가면 예수의 십자가 영성에 그 뿌리를 둔다.

> 이 편지에 적었듯이, 바울처럼 선교사의 약점과 나약함을 명확하게 고백한 사람은 없었다. 고린도후서처럼 임무와 선교사역의 중요성에 비해 선교사의 자질과 준비부족을 명확하게 드러낸 곳은 어디에도 없다. 진정한 선교는 가장 약하고 보잘 것 없는 사람들의 활동이며 이는 영광의 신학과는 거리가 멀다. … 이는 진정한 선교를 위해 꼭 필요한 전제조건이며, 이 점에서 바울은 주님(십자가의 길)을 본받고 있다(보쉬 2023, 118).

초기 기독교 성공의 비밀을 연구한 앨런 크라이더 역시 그의 책 『초기 교회와 인내의 발효』(2016)에서 유사한 결론을 내린다. 다양한 역사적 사료들을 분석한 뒤, 그는 아무 힘이 없던 초기 교회가 당시 전 세계를 복음으로 정복할 수 있었던 비밀이 저들의 약함에 있었다고 결론을 내린다. 초기 기독교 구성원들은 권력의 바깥에 위치해 있었고 오히려 탄압의 대상이었다. 경제적으로 가진 것이 없는 사람들이었고 어두운 지하 공동묘지 카타콤에서 숨어 지내야 했던 사회적 약자들이었다. 초기 기독교 선교의 진정한 힘은, 약함에서 나오는 성령의 능력에 있었다. 정치적, 문명적, 재정적 배경이 없는 비서구 교회들이 주도하게 될 21 세기 선교운동의 상황과 유사하다. "약한 자들을 들어 강한 자들을 부끄럽게 하기 위

해" 하나님이 친히 일하셨던 초기 기독교 상황을 재현하는 기회가
될 것이다.

치앙마이에서 만난 세계 기독교

세계 기독교 시대의 새로운 선교 패러다임은 선교 현장 속에
오래 전부터 진행되어 왔다. 여기서는 필자가 경험한 이야기를 중
심으로 세계 기독교 시대의 현장 선교의 변화를 설명할까 한다.

2010년, 싱가포르 출신 선교사 J로부터 연락을 받았다. 치앙마
이 신학교(Chiangmai Theological Seminary)가 그 해 선교주간의 주제를
이슬람 선교로 정하고 아시아 출신 선교사들을 강사로 초청하기로
했는데 함께 가지 않겠느냐는 것이었다. 치앙마이신학교는 태국
북부 지역 지도자들을 양성하는 주요 신학교 중 하나다. 태국 남부
에서 사역 중인 필리핀 출신 N 선교사도 합류하게 되면서 아시아
출신 세 선교사가 함께 치앙마이를 방문하게 되었다.

우리 셋은 4일 동안 오전 프로그램을 인도하게 되었는데 각자
주제를 정해 강의를 하고 마지막 날에는 함께 패널 토의를 진행했
다. 필자는 "이슬람 이해"를 주제로 이슬람의 기본 교리를 설명하
고 필자가 사역하는 중부 태국에 어떻게 말레이계 무슬림들이 살
게 되었고 오늘날 그들의 삶이 어떠한지 그리고 그동안 이들을 대
상으로 어떤 사역들이 진행되었는지를 설명했다. 무슬림들에게 전
도하기 위해 어떻게 다가가야 하는지를 설명하고, 당시 교제하던
무슬림 개종자 형제 자매들이 어떻게 예수님을 만나게 되었는지

그들의 간증도 소개했다. 꿈과 환상 등 기적을 통해 예수님을 만난 저들의 이야기를 들으면서 참석자들은 무슬림들 안에서 일하시는 하나님을 볼 수 있었다.

이 학교 학장은 한국계 미국인으로서 사역 초기 방콕의 같은 마을에서 이웃으로 지내기도 한 가까운 친구였다. K 선교사는 "우리 신학교 학생 중에서 무슬림 선교 헌신자가 나왔으면 좋겠어요. 맘껏 도전해 주세요!"라고 당부했다. 그렇지 않아도 강사로 참여한 우리 셋은 치앙마이에 오기 전부터 "이 신학교에서 무슬림 사역 헌신자들이 나오게 해 달라"고 간절히 기도하고 있었다.

되돌아보면 이 방문은 필자에게 21 세기 세계 기독교를 경험하는 시간이었다. 신학교 선교주간을 아시아 출신 세 선교사에게 맡긴 것부터 흔치 않은 일이었다. 이 신학교에는 서구 출신 교수들이 다수 있었는데 이들은 우리를 반갑게 맞아 주었고 진심으로 우리의 사역과 강의를 경청했다. 다양한 국적, 특히 아시아와 아프리카 출신 선교사들이 서구 선교사들과 대등한 동료로서 나름의 역할을 감당하는 것이 당연한 시대가 열리고 있었다. 졸업한 태국인 사역자들도 이 선교 주간 행사에 다수 참여했는데 이들 역시 아시아 출신 선교사들의 인도를 자연스럽게 받아들였고 오히려 우리를 보면서 크게 격려를 받는 모습이었다.

이 주간 동안 잊을 수 없는 만남이 있었다. 소문으로만 듣던 태국 선교계의 전설인 머-헨리(Henry) 선교사를 만난 것이었다. ("머"는 태국어로 의사, 박사라는 의미로, 헨리 선교사는 의사였다.) 그는 의료 선교사로 태국에 왔는데 전도의 열정 때문에 의료 사역을 내려놓고 평생 독신으로 살면서 전도와 제자 양육을 했고 방콕신학교에서 오랫동안 교수로서 태국 교회 지도자들을 양성했다. 태국 교회를 이끄는 대부분의 지도자들이 그의 영향을 받았다.

그에 대한 첫인상은 지금도 생생하다. 필자는 첫날 아침 이른 시간 신학교에 도착했다. 학장과 미리 티타임을 갖기로 했기 때문이었다. 3층에 위치한 학장실로 올라가는데 2층 도서관 앞에서 남루한 옷차림의 서양 노인이 기도회를 위한 테이블과 의자들을 준비하고 있었다. 관리인 치고는 너무 나이가 들어 보인다는 생각을 하면서 지나쳤다. 나중에 이분이 그 유명한 헨리 선교사였다는 것을 알게 되었을 때 필자는 큰 충격을 받았다. 보이지 않는 곳에서 신학교의 궂은 일을 하면서 묵묵히 태국 신학생들을 섬기는 모습 속에서 그가 왜 태국 선교계의 전설인지 알 수 있었다.

서구에서 온 노 선배 선교사는 아시아 출신의 세 젊은 후배들을 무척 반가워했다. 필자에게도 타이프로 친 20년은 되었을 법한 낡은 강의 자료를 건네면서 필자의 강의에 참고하라고 주었는데 그의 깊은 애정을 느낄 수 있었다. 그는 아시아, 아프리카 선교사들이 이끄는 선교 시대가 되었다고 하면서 우리를 진심으로 격려해 주었다.

짧은 4일 간의 선교행사였지만 주님은 우리의 기도에 신실하게 응답하셨다. 태국인 사역자들 가운데 무슬림 선교에 대한 관심과 자신감이 높아지는 것을 보았고 실제로 학생 중에서 몇 명이 무슬림 사역에 헌신했다. 무슬림을 위한 태국어 성경 개정을 담당하던 싱가포르 선교사가 철수하게 되어 후임자를 찾고 있었는데 명문대를 졸업하고 신학석사 공부 중이던 태국인 자매가 헌신해 이 사역을 담당하게 되었다. 남부 출신의 무슬림 배경 회심자였던 다른 신학생은 공부를 마친 후 남부로 내려가 무슬림 선교를 주도하는 지도자 중 한 사람이 되었다.

서구 출신 선교사들에 의해 서구적 모델을 선교지에 심는 일방통행적 선교는 서서히 역사의 기억 속으로 사라지고 있다. 21 세기 선교 현장은 우리도 모르는 사이에 '전 세계 모든 교회들로부터 온 선교사들이 전 세계 모든 곳으로 흩어져 함께 사역하는' 시대에 들어와 있다.

자발적 전문 파송단체의 미래

선교역사학자인 데이나 로버트(Dana L. Robert)는 21 세기 선교운동의 변화된 특성을 크게 세 가지로 요약했는데 (Robert 2009, 73-74), 이중 첫 번째 영역이 근대 선교운동을 주도한 자발적 전문 파송단체의 미래와 연관이 있다. 그녀는 선별되고 선교단체에 의해 공식적으로 파송 받은 전문(전임) 선교사들의 역할이 감소될 것이며 그 공백을 단기 선교와 (평범한 그리스도인들에 의

한) 아마추어 선교로 채워질 것이라 전망했다. 그녀는 아마추어 선교운동의 배경을 다음과 같이 설명한다.

> 서구로부터 비서구로 향하는 일방통행적 자원주의 선교는, 전
> 방위로 진행되는 이주와 다문화적 네트워크로 대체되었으며,
> 통신기술의 발달과 항공 여행의 보편화는 평범한 그리스도인
> 들의 다양한 단기 선교사역을 가능케 만들었다(Robert 2009, 73).

그리고 이미 전 세계 대부분의 지역에 교회들이 존재하고 있기 때문에, 교회개척 중심으로 발전한 전문선교기관보다 구제와 지역개발 등을 지향하는 비영리단체(NGO) 중심의 선교가 더 활성화될 것이라 보았다. 이 현상은 20세기 후반부터 이미 선교 현장에서 광범위하게 확인되고 있으며 21세기에는 더 확장될 것이다.

전문 파송 선교단체의 존재 이유에 대한 의문 제기는 20세기 선교운동 기간 내내 뜨거운 쟁점이었다. 여기서는 19-20세기 근대 선교운동을 주도했던 자발적(voluntary) 전문 파송단체들이 21세기 상황에서도 계속될 것인가에 대한 논의를 해 보려 한다. 서구 교회가 주도한 크리스텐덤 방식의 선교 패러다임이 무너지고 있는 상황에서도 (서구 상황에 맞게 발전해 온) 전문 파송단체의 구조가 지속될 필요가 있는가?

폐기될 운명인가?

개신교 선교역사 기간 내내 '파송' 선교단체들은 기독교를 전 세계에 퍼뜨리기 위한 효과적인 도구였다. '위대한 세기' 성공의 중심에 자발적 파송 선교단체가 있었음은 부인할 수 없다. 앤드류 월스는 "선교단체 그리고 교회의 다행스러운 전복"(월스 2018, 459-82)에서 근대 선교운동 기간 중 자발적 선교단체들이 얼마나 중요한 역할을 했는지 설명한다. 비록 도구적 성격이 강하고, 200 년 남짓 된 비교적 최근에 생성된 구조이긴 하지만, 오늘날의 세계화된 기독교 탄생에는 파송 중심의 근대 선교구조의 역할이 컸다. 이 구조는 새롭게 대두된 근대 기업구조의 효율성을 선교에 적용한 것이다. 자원주의와 조직적 효율성의 극대화를 추구하는 새로운 선교구조는 평신도 중심의 선교운동을 일으켰으며 여성들에게 리더십 기회를 부여했고 급속한 기독교 전파를 가능케 했다. 서구 교회들의 선교 참여를 효과적으로 자극했으며 선교현장에서는 교파를 넘어 협력의 문을 여는 역할을 했다.

그러나 지난 두 세기 동안의 결정적인 기여에도 불구하고 전문적인 파송 선교단체의 정당성에 대한 질문은 지속적으로 제기되어 왔다. 대부분의 지역에서 선교지 교회들은 선교단체와의 긴장 관계 가운데 있었다. 이 갈등은 1910 년 에딘버러 세계선교사대회에서도 표출되었다. "세계선교(사)대회"(The World Missionary Conference)라는 대회 명칭이 보여주듯 이 회의는 선교단체 중심의 회의였다.

세계복음화를 (비서구 세계에 개척된 교회들을 배제한 채) 서구 선교단체들의 사명으로 인식하고 있었다.[14] 그런데 이 모임에서 "세계 복음화 책무는 피선교지 교회들과는 관계가 없는 것인가?" 라는 질문이 제기되었고 이는 20세기 내내 선교의 주요 쟁점이 된다.

1958년 국제선교협의회 가나 대회에서는 선교단체 중심으로 운영되던 국제선교협의회(IMC)를 해체하고 그 기능을 세계교회협의회(WCC) 산하로 통합할 것이 결의되었다. 이 결정에 따라 국제선교협의회는 1961년 세계교회협의회 산하 조직인 "세계선교와 전도위원회"(Commission on World Mission and Evangelism, CWME)로 통합된다. 이로써 선교의 주체로서 교회의 위치가 명확해진 반면, 전문선교단체 중심의 선교운동은 크게 위축된다. 그 결과 타문화 선교운동이 급격히 약화되었다. 1970년대 "모라토리엄"(선교 일시중지) 요청 역시 선교단체의 존재 이유에 대한 충격적인 도전이었다. 선교단체의 간섭으로부터 벗어나고자 하는 토착교회들의 반발과 도전의 표현이었고 전문선교단체의 존재이유에 대한 의문 제기였다.

파송 선교단체의 정당성에 대해 의문을 제기하게 된 또 다른 배경은, 역설적으로, 자원주의 파송 선교단체가 주도했던 '위대한 세기' 선교의 성공이었다. 서구 기독교가 쇠퇴하고 세계 기독교의 무게중심이 비서구 교회로 이동하는 상황에서 "서구로부터 비서구로의 일방적 기독교 확장"이란 패러다임은 설득력을 잃게 되었다. 이와 함께 이 패러다임 안에서 작동하던 전문 '파송' 선교단체도 심각한 도전에 직면하게 되었다. 각 지역에 세워진 현지 교회들이 지역 복음화의 주체로 등장한 상황에서도 "파송선교단체가 여전히 필요한가?"라는 질문이 제기된 것은 자연스러운 귀결이었다.

옛 시대의 선교운동은 이미 살펴본 것처럼, 특별한 조직 형태, 즉 자발적인 단체라는 모형을 기반으로 하는 선교단체를 발전시켰다. 1792년 이전에는 존재하지 않았던 자발적인 단체는 그 후 한 세대가 지나서 흔하게 되었다. … 원래 선교운동기관들은 일방통행을 위해 설계된 것이다. 즉 보내고 주기 위한 것이었다. 어쩌면 (오늘날의) 그리스도인들에게는 새로운 도전이 주어졌는지 모른다. 나누면서 동시에 받는, 쌍방 통행과 사귐에 더 알맞은 '(새로운) 수단을 활용'해야 할 의무 말이다"(월스 2018, 493).

'서구 기독교 세계에서 이교도 지역인 비서구로,' 즉 복음을 한 방향으로 흘려보내기 위해 설계된 선교구조는 기독교가 전 세계에 존재하게 된 오늘날의 상황에 적합하지 않다. "보냄과 떠남의 모델"(the sending and going model)에 기초한 근대 선교구조는 근본적인 변화에 직면해 있다(Bendor-Samuel 2020, 260).

근대 선교구조에 대한 의문이 제기된 또 다른 배경은 비서구 출신 선교사의 수적 우위라는 상황이다.

19세기 국교회 성직자들의 염려이기도 했고, 동시에 19세기 선교사들의 소망이기도 했던, 아프리카와 아시아, 라틴 아메리카의 복음화가 그렇게 빨리 이뤄지리라 예상하지 못했다. 이들은 그리스도인 인구의 다수를 차지하게 되었고 또 예상을 뛰어넘어 세계를 복음화라는 중요한 책무가 이 사람들의 손에 맡겨지게 되었다(월스 2018, 481).

앤드류 월스는 비서구 교회들이 기독교 선교운동의 중심이 될 미래의 선교 구조는 비서구 교회에 맞도록 새롭게 재편되어야 한다고 주장한다. 전문 선교조직을 중심으로 특별한 소수를 발굴해 파송하는 전통적 선교 구조가 21세기 세계 기독교 상황에도 적합한가?에 대한 재평가가 요구되고 있다.

폴 밴더-사무엘(Paul Bendor-Samuel) 박사는 전통적 선교구조가 한계에 도달했다고 평가하면서,[15] 다가올 미래는 (선교사) 파송을 근간으로 하는 전문선교단체가 아니라 전 세계 모든 곳에 세워진 글로벌 교회 중심으로 전개되어야 한다고 주장한다.

지속되어야 하는 이유

전문 파송 선교단체들은, 한 때 유행했으나 더 이상 존재하지 않는, 역사의 유물로 사라질 것인가? 전 세계 모든 곳에 토착교회가 세워졌고 그들이 선교운동를 주도하게 되는 상황에서도 서구에서 발전시킨 전문 파송 선교단체가 계속되어야 하는가?

전 세계 인구의 37% 정도(28.2억 명, 2020년 현재)가 아직도 미전도 상태에 놓여 있다는 사실을 고려하면 이 질문에 답은 명확하다. 전문 파송단체는 계속되어야 한다. 미전도 지역 가운데 복음을 전하고 교회를 개척하는 일은 평신도 아마추어 선교 자원들이 감당하기 어렵기 때문이다. 그 지역 언어와 문화에 능통하고 복음에 적대적인 상황 속에서도 희생적으로 복음을 전하기 위해서는 여전히 전문 선교사들이 필요하다. 전 세계 교회들의 선교 세력들을 조직화하고 이들을 글로벌 파트너십으로 연결해 '땅끝' 돌파를 위한 새로운 시스템을 세워야 하는데 이를 위해서는 전문적인 훈련을 받은 선교사들의 역할이 필수적이다.[16] 파송받은 전문 선교사들은 현지 교회의 선교적 역량을 강화시키면서 동시에 이들과 함께 미전도지역 선교를 돌파하는 이중적 역할을 요구받고 있다. 랄프 윈터(Ralph Winter)는 비서구 교회들 가운데 타문화 선교운동이 일어나기 위해서는 전문선교단체의 역할이 중요하다고 했는데 같은 맥락이다.

> 여기서 우리가 반드시 던져야 하는 질문은, 소위 비서구 세계 선교지에 있는 신생교회들이 얼마나 더 있어야 그 획기적인 결론, 즉 교회 사람들이 선교, 특히 타문화 선교에서 주도권을 잡고 일해 나가기 위해 윌리엄 캐리의 '수단의 사용'과 같은 소달리티(sodality) 구조가 필요하다는 결론에 도달할 것인가 하는 것이다. 다행히도 이것을 깨닫지 못한 상태가 오랜 기간 계속되지는 않으리라는 몇 가지 희망적인 징조가 나타나고 있다(윈터 2010, 414).

위 인용문이 포함된 논문 "하나님의 구속적 선교의 두 구조"는 1973년 서울에서 발표된 것이다. 아직 비서구 교회의 선교운동이 등장하기 전이었지만, 윈터는 조만간 비서구 교회 가운데 선교운동이 일어날 것을 전망하면서, 이를 위해서는 소달리티 선교구조가 필요하다고 주장했다. 흥미롭게도 이 전망을 현실화시킨 교회가 이 논문이 발표된 한국 교회였다. 전문선교단체들의 설립을 통해 한국 교회는 빠르게 선교운동을 일으켰고 성공적으로 확산시켰다.

21세기에도 자원주의 전문 파송 선교단체가 여전히 필요하다. 아래에서는 전문 선교기관이 왜 필요한지 설명한 20세기의 대표적인 선교 지도자 몇 사람의 주장을 중심으로 살펴보자.

'S' 떼어내기 실랑이

먼저 레슬리 뉴비긴과 연관된 사례다. 그는 선교단체가 선교운동을 주도하는 것에 비판적이었고, 선교단체 조직이었던 국제선교협의회를 교회 조직인 세계교회협의회로 흡수시킨 장본인이다. 그래서 미전도지역에 대한 선교, 또 이를 위한 전문 선교단체의 필요성에 대해 부정적일 것이라는 오해를 받았다. 그러나 이는 사실이 아니다. 뉴비긴은, 아직 복음이 전파되지 못한 지역을 향한 선교의 중요성을 강조했고 이를 위한 전문 파송 선교단체의 역할이 반드시 필요하다는 입장을 견지했다(Newbigin 1988, 50).[17]

이와 연관해서 개신교의 대표적 선교저널인 *International*

Review of Missions (IRM)의 편집장 시절에 있었던 일화는 유명하다. IRM 은 에딘버러 세계선교사대회의 결의에 따라 1912 년 창간된, 가장 오래된 개신교 선교전문 학술지이다. '하나님의 선교'에 대한 논의가 한창이던 1960 년대 내내 뉴비긴이 편집장을 맡고 있었다. 당시 많은 선교학자와 선교사들이 저널 제목의 Missions(복수)에서 'S'를 떼어내고 저널 이름을 *International Review of Mission*(단수)으로 바꿀 것을 요구했다.[18]

Missions 에서 'S'를 떼어내는 것이 왜 그렇게 중요했는가? 먼저 'missions'(복수─'선교사역'으로 번역)는 전 세계 모든 교회가 동일하게 감당해야 하는 (하나의) 사명 즉 '하나님의 선교' 개념을 담아낼 수 없었다. 이를 표현하기 위해서는 mission(단수)으로 바꿀 필요가 있었다. 둘째, 복수로서의 missions(선교사역)는 서구 교회들이 선교 운동을 주도하던 시절에 사용된 용어로 이 표현에는, 서구는 선교 본부, 비서구는 선교지라는 의미가 전제되어 있었다. 비서구 지역 은 단지 선교의 대상으로 인식되었다. 비서구 교회 출신 선교사들 이 일어나고 있는 상황을 담아내기 위해서는 단수로서의 선교 (mission)가 더 적합했다. 마지막으로 복수로서의 missions(선교사역) 는 제국주의, 식민주의와 연결지어 생각하는 경향이 있었다. 이런 이유 때문에 많은 학자들이 저널 이름에서 'S'를 제거할 것을 요구 한 것이다(Crane 1969, 141).

결국 저널 이름의 변경은 한참이 지난 1969 년, 뉴비긴이 물러난 이후에야 비로소 후임자에 의해 이뤄졌다. 선교단체의 시대가 끝

낳고 이제 교회가 주도하는 '하나님의 선교'로 전환되었음을 의미하는 상징적인 결정이었다. 한편, 뉴비긴은 이 결정에 대해 아쉬움을 표하며 다음과 같이 자신의 소감을 설명했다.

'그러나' - 분명히 이 시점에서 덧붙여야 할 매우 큰 '그러나'가 있다. 즉 (선교를) 담당해야 할 교회가 존재하지 않는 상황은 어떻게 할 것인가? 교회가 없는 미전도 지역들은 포기해야 하는가? 라는 질문이다. … 내가 믿기로는, 이 질문에 대한 윈터 (R. Winter) 박사의 입장은 매우 중요한 진리를 포함하고 있다. 모달리티(modality)와 소달리티(sodality)에 대한 그의 관점에는 동의하지 않지만, (미전도 지역에 대한) 그의 주장에는 귀 기울여야 할 진리가 있다. 내가 *International Review of Missions* 의 편집장으로 있을 때 많은 사람들로부터 저널 이름의 마지막 'S'를 제거해야 한다는 압력을 받았다. 내가 이를 완강히 거부했기 때문에 여러 동료들이 상처를 받았다. 그들은, 사람들이 내 이름(Lesslie)을 쓸 때 S 를 하나 빼고 쓰는 경우가 많아 S 를 빼는 것에 상처가 있는 것 아니냐고 농담을 하기도 했다. 내가 편집장을 사임한 이후 드디어 S 를 뺀 새 이름 *International Journal of Mission* 으로 저널 이름이 변경되었다. 나는 지금도 그 변경은 잘못된 결정이었다고 생각한다 (Newbigin 1979, 309-10).

뉴비긴은 여전히 'S' 떼어낸 것이 옳은 결정이 아니었다고 주장한다. 왜 그런가? 그 이유는, Missions(복수)를 단수로 바꾸게 되었을 때, 선교단체가 약화되고 이로 인해 전통적인 선교사역들이 여전히 필요한 미전도 지역 선교가 위축될 것을 우려했기 때문이다.

미전도 지역 선교에 대한 뉴비긴의 관심은, 선교를 선교적 차원(missionary dimension)과 선교적 의도(missionary intention), 두 가지로 나눠 설명한 부분에서도 발견된다. 선교적 차원은 지역교회의 존재 또는 삶 자체가 선교라는 의미다. 단수로서의 선교(Mission)를 의미한다. 한편, 선교적 의도는 교회가 존재하지 않는 미전도지역을 향한 의도적 선교를 의미하며 복수로서의 선교사역(Missions)을 의미한다. 교회가 존재하지 않거나 존재하더라도 교회가 자민족 복음화의 열정과 역량을 갖추지 못한 지역들은, 외부로부터의 '의도적인' 선교가 진행되지 않는다면 복음화 될 수 없다. 복음으로부터 차단된 지역과 종족들을 향한 선교적 돌파가 이뤄지기 위해서는 선교적 의도가 있어야 하며 이를 담당할 전문 파송 선교사 또는 선교단체가 필요하다(Ott 2016, xvi).

20억을 버릴 것인가?

선교단체가 계속되어야 함을 보여준 또 다른 선교 지도자는 도널드 맥가브란(Donald McGavran)이다. 세계교회협의회 웁살라 대회(1968)를 평가하면서 맥가브란은 "웁살라는 20억을 버릴 것인가?"(Will Uppsala Betray the Two Billion?)라는 글을 발표했다. 웁살라 대회를 정리하면서 그는 세계교회협의회가 복음을 들을 기회가 없는 미전도지역 영혼들에 대한 관심을 포기했으며, 이들에게 복음을 전하기 위해 필요한 선교단체를 배제했다고 비판했다(McGavran 1972, 233-45). 그의 주장은 후에 복음주의 선교운동의 근간이 된 로잔언약(1974)의 배경이 된다.

1978 년 랄프 윈터는, 선교단체들의 조직이었던 국제선교협의회가 스스로의 해체를 결정한 "국제선교협의회 가나 대회"(1958 년) 20 주년을 맞아, 이 회의를 회고하는 글을 썼다(Winter 1978, 338-53). 가나 대회의 결정이 타문화 선교에 미친 영향을 분석한 뒤, 이 결의로 인해 선교단체가 약화되었고 타문화 선교가 크게 위축되었다고 평가했다.

> 이러한 발전의 결과로 인해 에큐메니칼 운동과 연관된 선교단체들에 의해 파송된 선교사의 수는 급격히 감소되었다. …
> 1900 년부터 2000 년까지 (에큐메니컬 운동을 주도하던) 주요 교단 선교부에 의해 파송된 북미 선교사들의 비율은 80%에서 6%로 떨어졌다(오트 2017, 447-48).

"모든 민족"(마 28:19) 그리고 "땅끝"(행 1:8)을 향한 지상명령은 양보할 수 없는 선교운동의 본질이다. 그런데 이 과업을 완수하기 위해서는 아직 교회들이 존재하지 않는 미전도지역을 향한 걸음을 멈춰서는 안 된다. 그리고 이는 전문 파송 선교단체 없이는 불가능하다.

돌파, 누구의 몫인가?

파송 선교 구조의 약화는 필연적으로, 미전도 종족들을 위한 타문화 선교의 축소로 연결된다. 왜냐하면 각종 장애물과 위험을 감수해야 하는 미전도 지역의 복음화는 전문적인 파송 선교 구조가 없이는 불가능하기 때문이다.

> 그러나 거의 2,000년의 교회 역사를 통해 분명하게 나타나는 것은, 일반적으로 말해서 교회들이 그런 선교 구조들 없이는 복음전파의 진보에 실패하는 까닭에, 하나님께서는 타문화 선교에만 초점을 두는 선교 구조들을 통하여 주로 일하는 것이 적합하다고 간주하셨다는 것이다. 선교학의 선구자인 구스타프 바르넥(Gustav Warneck) 같이 교회의 우선성을 강력하게 옹호하는 일부 학자들조차 선교 의무에 대한 제도적 교회의 실패를 인정하면서 선교단체가 실제로 필요하다고 주장한다(오트 2017, 459).

기독교가 세계화된 시대에도 여전히 전문 선교단체가 필요하다는 주장은 선교역사학자들의 21세기 선교 전망 속에서도 확인된다. 데이나 로버트는 단기 선교, 전문인 평신도 선교사에 의한 아마추어 선교운동이 미래 선교를 주도하게 될 것이라 전망했지만 그럼에도 21세기 선교운동을 위해서는 전문적인 파송 선교단체가 여전히 필요하다는 점에 동의한다.

지구촌화는 아마추어 선교사들의 거대한 네트워크를 만들어 냈으나, 타문화 선교사역을 위해서는 유창한 현지어 구사능력과 이중문화 능력을 갖춘 장기 선교사들이 여전히 필요하며, 특히 문화에 대한 깊은 이해를 필요로 하는 위험한 지역 선교는 더욱 그렇다. 단기선교 운동에 대한 새로운 인기의 위험은 2007년 7월 한국 단기선교팀이 아프가니스탄 탈레반에 의해 납치된 사건을 통해 확인할 수 있다(Robert 2009, 73).

교통 통신의 발달, 온라인 세상의 출현 등으로 인해 선교의 대중화, 아마추어리즘이 더욱 보편화되기는 하겠지만, 그럼에도 위험과 각종 장애물을 돌파해야 하는 미전도 지역 복음화는 체계적인 훈련을 받고 현지 언어와 문화에 능통하고 선교학적 전문성을 갖춘, 선교사들 없이는 불가능하다. 저들의 희생이 없이는 돌파가 어렵기 때문이다. 미전도 지역이 존재하는 한 "따로 세워"(행 13:6) 전입 선교사를 파송하시는 성령의 사역은 계속되어야 한다.

과감한 도전: 위클리프성경번역선교회

그런데 21세기 세계 선교운동에서도 전문 파송 선교단체가 여전히 지속되기 위해서는 변화된 선교 상황에 맞도록 뼈를 깎는 자기 혁신이 전제되어야 한다. 새롭게 일어나고 있는 비서구 선교세력을 동등한 파트너로 인정하고 이들과 함께 교회가 없는 지역에 대한 전방 개척 사역을 시도하며, '글로컬'(글로벌+로컬)한 '세계 기독교' 차원으로의 선교 패러다임 전환이 이뤄져야 한다. 위클리프성경번역선교회가 시도한 최근의 변화는 이를 잘 보여준다.

북미주 교회들이 주도하던 위클리프성경번역선교회(WBT)[19]는, 21 세기에 들어 변화된 상황에 맞도록 2011 년 2 월 선교 구조를 전환하기로 결정했다. 단체명을 국제위클리프(Wycliffe International)에서 위클리프글로벌연대(Wycliffe Global Alliance, WGA)로 변경했고, 동시에 서구 선교사들이 갖고 있던 단체의 리더십을 과감하게 내려놓고 글로벌 차원의 공유된 리더십으로 전환했다. 비서구 지역을 포함하는 글로벌 차원의 성경번역 단체들의 연합으로 단체의 성격을 변경한 것이다.[20] 위클리프 선교회의 변화는 21 세기 세계 기독교 상황에서 전문 파송 선교단체가 어떤 방향으로 변화되어야 하는지를 보여주는 대표적 사례가 되고 있다.

WGA 의 공식 문서는 글로벌연대로의 변화 배경을 다음과 같이 설명한다.

> 국제 위클리프의 구조는 회원단체와 파트너 단체들에게 더 나은 서비스를 제공하기 위해 바뀌어야 한다. (최근 구조변경은) 이 점을 고려한 것이다. 동시에 위클리프가 어떻게 미시오 데이(*missio Dei*)에 참여할 것인지, 그리고 어떻게 더 효과적으로 협력할 수 있을 것인지에 대한 지도부 고민의 결과였다 (Wycliffe Homepage).[21]

이 전환 과정을 이끌었던 커크 프랭클린(Kirk Flanklin)은 21 세기의 변화된 선교 상황을 담아내기 위한 위클리프 선교회의 여정을 다음과 같이 요약한다.

WGA 의 지나온 여정을 통해 (선교) 패러다임 전환에 대해 살펴보았다. … 여러 긍정적, 부정적 변화들로 인해 발생한 거리감을 극복하기 위해서는 제 3 의 공간이 필요했다. 다중심주의(polycentrism)에 대한 분석은 기존의 확고한 권력을 의도적으로 내려놓고 (배제되어 있던) 사람들과 함께 리더십을 형성하도록 돕는다. 중앙집권적 "국제" 구조를 떠나 분산되고 하이브리드한 구조로 전환하기 위한 WGA 의 여정은, 다중심주의 관점의 영향을 받았다. 이러한 패러다임의 전환들은 선교를 더 앞으로 나아가게 하는 영감을 제공한다(Franklin 2017, 297).

기득권을 포기하고 세계화된 21 세기 기독교 상황에 맞는 새로운 선교 패러다임을 받아들였다는 점에서 이들의 여정은 21 세기의 새로운 상황에서 선교단체가 어떻게 변화되어야 하는지를 보여주었다. WGA 의 변화는 세계 기독교 상황에서의 전문 파송선교단체가 지향해야 하는 새로운 패러다임을 암시한다.

21 세기 선교 상황은 전 세계 모든 교회에서 나온 선교사들이 함께 일할 수 있는 선교구조를 요구하고 있다. 새롭게 참여하는 비서구 출신 선교사들이 편안하게 함께 할 수 있는 구조 말이다. 필자는 앞에서 파샬 박사가 운영하던 아시아리딩센터(Asian Reading

Center)에 대해 이야기했었다. 빈민가의 다 쓰러져가는 낡은 건물의 한구석에 간판도 없이 자리잡고 있었던 그 초라함…. 화려한 건물, 막강한 재정적 힘을 앞세운 기존의 서구 선교의 모습은 그 어디에도 없었다. 그러나 그 안에는 미래의 선교를 바라보는 파샬 박사의 깊은 통찰력이 숨어 있었다. 미래에 일어날 비서구 출신 선교사들에게 "이 정도면 나도 할 수 있겠는데…" 하는 자신감을 심어주었다. 살해 위협 속에서도 묵묵히 무슬림 빈민가 마을의 입구를 지켰던 파샬 박사는, 조만간 다가올 세계화된 교회의 선교운동을 미리 내다보았을 뿐만 아니라 이 시대를 위한 새로운 선교 패러다임을 제시하고 있었다.

새롭게 일어나고 있는 비서구 교회 선교 자원을 동원한다고
요? 제목부터 잘못된 것 같은데요?

한국인으로서 국제선교단체 대표직을 섬기고 있는 P 선교사에
게 들은 이야기다. 이 단체는 성장하고 있는 비서구 교회의 선교자
원을 어떻게 세계선교를 위해 효과적으로 동원할 것인가를 논의하
기 위해 아프리카에서 모임을 하고 있었다. 위의 말은 이 의제에
대해 아프리카 지도자 한 사람이 일어나 한 발언이다. '동원'이란
단어에 대한 반응으로 이해된다. 여전히 서구단체가 선교운동의
중심이고 비서구 교회들은 동원의 대상이라는 생각이 저변에 깔려

있으며 이런 관점으로는 비서구 교회 선교운동을 제대로 도울 수 없다고 지적한 것이다. 비서구 선교 자원을 동원의 대상으로 보는 기존의 시각은 바뀌어야 한다. 전 세계 모든 교회에서 일어나고 있는 선교자원들은 오직 선교의 주인이신 하나님에게만 동원 대상이다. 동시에 세계화된 교회의 구성원 각자는 21 세기 상황 속에서 하나님의 선교에 참여하는 선교의 중심들이기도 하다. 서구 중심적 선교 용어가 하나님 중심의 선교 관점으로 바뀌어야 함을 보여주는 에피소드다.

21 세기 선교의 미래를 가장 잘 설명한 선교학 개론서 중 하나는 마이클 고힌이 쓴 『21 세기 선교학 개론』(*Introducing Christian Mission Today: Scripture, History and Issues*, 2014)이다. 20 세기 동안 진행된 선교 관련 토론들을 정리했고 그에 기초해 21 세기 선교학 논의의 방향을 제시하고 있다. 이 책의 구조가 흥미롭다. 제 1 장의 제목은 "하나님의 선교에 대한 서술적 기록으로서의 성경"이다. "삼위일체 하나님의 선교"가 21 세기 선교 관련 담론의 출발점이 됨을 강조한다. 이어지는 논의들은, '하나님의 선교'의 관점에서 바라봤을 때 제기되는 다양한 선교의 쟁점들을 다룬다. 21 세기에 진행되는 현장 사역을 이해하기 위해서는 무엇보다 삼위일체 하나님의 선교의 관점에서 선교의 새로운 지평을 볼 수 있는 안목이 있어야 함을 보여준다.

앞에서 21 세기의 새로운 선교 패러다임을 이해하기 위한 세 개의 기둥으로서 '삼위일체 하나님의 선교', '번역 가능한 복음' 그리고 '세계 기독교 현상'을 살펴보았다. 이 세 개념을 집의 구성요소로 비유하면 다음과 같다. '삼위일체 하나님의 선교'는 21 세기 선교운동이 디디고 선 기초에 해당한다. 선교의 본질에 대한 논의이다. '세계화된 기독교'(세계 기독교 또는 글로컬 기독교)는 그 기초 위에 세워진 건물이다. 선교운동의 결과물이면서 동시에 21 세기 선교가 지향해야 할 최종 목적지라 할 수 있다. 한편 '번역 가능한 복음'은 '하나님의 선교'라는 터 위에 '세계 기독교'라는 건물이 세워질 수 있도록 하는 연결고리이다. 다양한 문화권에서 온 사람들이 자신의 문화와 상황 속에서 복음에 반응하도록 하는 초청장이다. 사람들을 '세계 기독교'라는 집에 초청하며 동시에 더 많은 사람들이 함께 하도록 이 집을 확장시키는 힘이기도 하다. 요약하면 '삼위일체 하나님의 선교', '번역 가능한 복음' 그리고 '세계 기독교', 이 세 가지는 21 세기의 선교현장에서 진행되는 거대한 패러다임 전환 과정을 이해하는 틀을 제공해 준다.

이제 필자가 태국에서의 사역을 마무리하고 국내로 귀국하기 얼마 전에 경험한 에피소드를 나누며 논의를 마무리할까 한다. 21 세기 새로운 선교 패러다임이 구체적 사역 현장에서 어떤 모양으로 나타날 것인지를 엿볼 수 있길 바란다.

초청해줘서 고마워요. 태국 교회의 무슬림 사역을 도울 수 있다면 영광이지요. 마침 치앙마이에서 공부하는 아들을 방문할 계획이 있는데 세미나 스케줄에 맞춰 일정을 조정해 볼 게요.

다른 건 신경 쓰지 말고 하룻밤 묵을 숙소하고 맛있는 태국음
식만 먹게 해 주면 됩니다.

2012년 초 방콕에서 열리는 "무슬림을 위한 낙타전도법" 세미
나 강사로 초청하는 필자의 편지에 대한 케빈 그리슨(Kevin Greeson)
선교사의 답장이다. "태국 교회 안에 무슬림 전도에 대한 관심이
높아지고 있는데, 태국에 와서 저자로서 '낙타 전도법'을 소개해
주면 좋겠다"는 필자의 초청에 그는 기쁘게 오겠다고 했다. 숙소와
맛있는 태국음식만 준비해 주면 된다고 했다. 케빈 선교사는 남아
시아 P국에서 사역 중이었기 때문에 일부러 태국까지 와야 했는
데 아들 방문 일정을 조정해 기꺼이 오겠다고 응답한 것이다. 태국
교회가 무슬림 사역에 더 헌신하게 된다면 기꺼이 자신의 시간과
재정을 희생해서라도 섬기겠다고 했다.

케빈과는 2011년 말레이시아 페낭에서 열린, 한국인들을 대상
으로 열린 선교전략가 훈련 프로그램에서 강사와 통역자로 만났
다. 일주일 동안 그의 강의를 통역하면서 친해졌다. 무슬림들이 주
님을 알게 하는 일이라면 몸을 아끼지 않고 헌신하는 그의 모습에
깊은 감명을 받았다. 『낙타전도법』이란 책의 저자로 국제적으로
잘 알려진 유명 강사였고 남아시아 여러 어려운 지역의 최전선에
서 놀라운 사역을 감당하고 있는 지도자였지만 겸손함이 몸에 밴
선교사였다. 이 훈련을 마치면서 혹시 태국 교회가 '낙타전도법'과
관련해 세미나를 요청하면 오겠느냐는 내 질문에 그는 흔쾌히 "물

론이지요"라고 대답했었다. 케빈은 자비(自費)로 먼 태국까지 와서 세미나를 섬겨주었는데 그가 한 약속을 지킨 것이다.

공식적으로는 태국선교동역회(Sanha-Missionary Thai)가 주관하는 세미나였다. 기획하고 강사를 섭외하는 일을 필자가 했고, 필요한 예산, 통역, 홍보 등은 동역회 대표인 나린(Narin) 선교사와 동역회 산하의 무슬림 분과 위원들이 주도했다. 이틀 동안 진행된 세미나 강의안 번역은 무슬림 배경 개종자 형제자매들이 담당했고 통역은 태국성서공회 대표가 맡아주었다. 장소와 간식, 식사 등은 무슬림 전도에 열심인 따이롬프라쿤 교회가 섬겼다. 이틀 동안 무슬림 배경 개종자, 선교사들 그리고 태국 교회 무슬림 선교 관심자 다수가 참석해 무슬림 선교에 대한 의미 있는 토론이 진행되었다.

여러 사람이 함께 연합해 진행하는 모임이라 쉽진 않았지만 세미나를 준비하면서 힘든 줄 몰랐다. 무엇보다 태국 교회의 무슬림 선교 발전을 위해 기여할 수 있어 행복했다. 작은 행사였지만 다양한 배경의 일꾼들이 한 마음으로 함께 만든 프로그램이었다. 태국 교회와 태국 지도자들의 헌신이 있었고, 무슬림 배경 개종자 형제자매들의 수고가 있었다. 미국인 선교사 케빈의 겸손과 희생이 있었고 한국인 선교사로서 필자의 섬김이 있었다. 이 모든 배후에서 하나님이 일하고 계셨다. 글로벌 선교 파트너십을 맛보았고 21세기 선교의 미래를 엿볼 수 있는 아름다운 추억으로 필자의 가슴에 남아 있다.

고힌, 마이클. 2021. 『교회의 소명: 레슬리 뉴비긴의 선교적 교회론』. 이
    종인 역. 서울: IVP.

_____. 2021. 『21 세기 선교학 개론』. 이대헌 역. 서울: CLC.

그리슨, 케빈. 2009. 『모슬렘을 위한 낙타 전도법』. 이명준 역. 서울: 요
    단출판사.

놀, 마크 A. 2016. 『나는 왜 세계 기독교인이 되었는가?』. 서울: 복있는
    사람.

뉴비긴, 레슬리. 2007. 『다원주의 사회에서의 복음』. 홍병룡 역. 서울:
    IVP.

_____. 2012. 『오픈 시크릿』. 홍병룡 역. 서울: 복있는 사람.

니센, 요하네스. 2005. 『신약성경과 선교』. 최동규 역. 서울: 기독교문서
    선교회.

도노반, 빈센트 J. 2012. 『선교사보다 앞서 가신다: 킬리만자로에서 피어
    난 그리스도교』. 황애경 역. 서울: 가톨릭출판사.

딕슨, 존. 2022. 『벌거벗은 기독교 역사: 악당인가 성자인가, 회복을 위
    해 마주해야 할 역사 속 기독교』. 홍종락 역. 서울: 두란노.

라이트, 크리스토퍼. 2012. "선교의 미래적 동향."『복음주의 미래: 쟁점과 전망』. 크레이그 G. 바돌로뮤 외 2인 편. 193-212. 서울: 기독교문서선교회.

로버트, 데이나. 2012. "1945년 이래 세계 기독교의 남반구로의 이동."『세계 기독교와 선교의 미래』로버트 갤러거, 폴 허티그 편. 문전섭, 박형국, 백충현, 문은영, 공역. 93-117. 서울: 한국장로교출판사.

_____. 2021. "'세계 기독교' 명명하기: 세계 기독교와 선교역사에 있어서 예일-에딘버러 학회에 관한 역사적이며 개인적인 관점."『현대선교 25: 세계 기독교와 선교』. 53-84. 서울: 한국해외선교회출판부.

맥그래스, 앨리스터. 2009.『기독교, 그 위험한 사상의 역사』. 박규태 역. 서울: 국제제자훈련원.

보쉬, 데이비드. 2017.『변화하는 선교』. 김만태 역. 서울: CLC.

_____. 2023.『길의 영성: 모든 그리스도인을 위한 선교적 영성』. 김동화 역. 서울: 한국해외선교회출판부.

베반스, 스티븐 B. 2002.『상황화 신학』. 최형근 역. 서울: 죠이선교회.

베반스, 스티븐 B, 로저 P 슈레더. 2007.『예언자적 대화의 선교』. 김영동 역. 서울: 크리스천헤럴드.

벨처, 짐. 2011.『깊이 있는 교회』. 전의우 역. 서울: 포이에마.

쉥크, 윌버트 R. 2001.『선교의 새로운 영역』. 서울: 기독교문서선교회.

스타크, 로드니. 2016.『기독교의 발흥: 사회과학자의 시선으로 탐색한 초기 기독교 성장의 요인』. 손현선 역. 서울: 좋은씨앗.

스탠리, 브라이언. 2010.『1910 에딘버러 세계선교사대회 어떻게 볼 것인가?』. 이용원 역. 서울: 2010 한국대회.

스토트, 존, 크리스토퍼 라이트. 2018.『선교란 무엇인가: 선교, 전도, 대화, 구원, 회심 - 총체적 선교를 위한 5가지 핵심』. 김명희 역. 서울: IVP.

에스코바, 사무엘. 2004. "복음주의 선교학: 세기의 전환기의 미래에 대한 응시."『21세기 글로벌 선교학』. 윌리엄 D. 테일러 편. 185-220. 서울: 기독교문서선교회.

앨런, 롤런드. 2008.『바울의 선교 vs. 우리의 선교』. 홍병룡, 전재옥 공역. 서울: IVP.

오트, 크레이그. 2017.『선교신학의 도전』. 엄주연 역. 서울: 기독교문서
선교회.

옥성득. 2020. 『한국 기독교 형성사: 한국 종교와 개신교의 만남
1876-1910』. 서울: 새물결플러스.

_____. 2021.『쇠퇴하는 한국교회와 한 역사가의 일기: 2016-2021』.
서울: 새물결플러스.

윈터, 랄프, 스티븐 호든, 한철호, 편저. 2010.『퍼스펙티브스: 성경적•역
사적 관점』. 정옥배, 변창욱, 김동화, 이현모 공역. 고양시:예수
전도단.

월스, 앤드류. 2018.『세계 기독교와 선교운동』. 서울: IVP.

이문장, 앤드류 월즈 외. 2006.『기독교의 미래: 기독교의 중심이 이동하
고 있다』. 서울: 청림출판.

이재근. 2014. "세계 기독교학의 부상과 연구 현황: 예일-에딘버러 선교
운동역사 및 세계 기독교학회를 중심으로." 「한국기독교와 역
사」 제 40 호: 377-405.

정성국. 2021. "선교적 해석학의 함의들: ACTS 신학 및 신앙운동과의
연관성을 중심으로."『ACTS 신학 저널』 제 48 호: 97-137.

존스, 스탠리 E. 2005.『인도의 길을 걷고 있는 예수』. 서울: 평단.

크라이더, 알렌. 2012.『회심의 변질: 초대교회의 회심을 돌아보다』. 서
울: 대장간.

_____. 2021[2016].『초기 교회와 인내의 발효: 로마 제국 안에 뿌리
내린 초기 기독교의 성장 비밀』. 김광남 역. 서울: IVP.

테일러, 윌리엄 D. 2004. 『21 세기 글로벌 선교학』김동화, 문상철, 이현
모, 최형근 공역. 서울: CLC.

터커, 루스 A. 2015.『예루살렘에서 이리안자야까지, 비범하면서도 평범
했던 선교사들의 이야기』. 오현미 역. 서울: 복있는 사람.

퍼난도, 아지쓰. 2004. "하나님: 선교의 근원, 출발점, 끝."『21 세기 글로
벌 선교학』. 윌리엄 D. 테일러 편. 357-84. 서울: CLC.

히버트, 폴. 1996.『선교와 문화인류학』. 서울: 죠이선교회.

_____. 1997.『선교현장의 문화이해: 인류학적 접근을 통한』. 서울: 죠
이선교회.

Allen, Roland. 1962. *The Spontaneous Expansion of the Church and the Causes Which Hinder It.* Eugene: Wipf & Stock Publishers.

Bendor-Samuel, Paul. 2020. "Covid 19 Trends in Global Mission, and Participation in Faithful Witness." *Transformation* 37(4): 255-65.

Cabrita, Joel, David Maxwell, and Emma Wild-Wood, eds. 2017. *Relocating World Christianity: Interdisciplinary Studies in Universal and Local Expressions of the Christian Faith.* Leiden: Brill.

Cathcart, Chelle and Mike Nichols. 2009. "Self-Theology, Global Theology, and Missional Theology in the Writings of Paul G. Hiebert." *Trinity Journal* 30: 209-21.

Cook, Matthew, Rob Haskell, Ruth Julian, and Natee Tanchanpongs, eds. 2010. *Local Theology for the Global Church: Principles for an Evangelical Approach to Contextualization.* Pasadena: William Carey Library.

Crane, William H. 1969. "Dropping the S." *International Review of Mission* 58(230): 141-44.

De Wit, Hans, Louis Jonker, Marleen Kool, and Daniel Schipani, eds. 2004. *Through the Eyes of Another: Intercultural Reading of the Bible.* Amsterdam: Institute of Mennonite Studies, Vrije Universiteit.

DeWit, Hans and Janet Dyk, eds. 2015. *Bible and Transformation: The Promise of Intercultural Bible Reading.* Amsterdam: Society of Biblical Literature.

Flemming, Dean. 2010. "Paul the Contextualizer." in *Local Theology for the Global Church: Principles for an Evangelical Approach to Contextualization.* eds. Matthew Cook, Rob Haskell, Ruth Julian, and Natee Tanchanpongs. Pasadena: William Carey Library. 1-19.

Franklin, Kirk. 2017. "Leading in Global-Glocal Missional Contexts: Learning from the Journey of the Wycliffe Global Alliance." *Transformation* 34(4): 282-300.

Hanciles, Jehu J., ed. 2021. *World Christianity: History, Methodologies, Horizons*. Maryknoll: Orbis Books.

Hiebert, Paul G. 1987. "Critical Contextualization." *International Bulletin of Mission Research* 11(3): 103-12.

Hoekendijk, Johannes Christiaan. 1952. "The Church in Missionary Thinking." *International Review of Mission* 41(163): 324-36.

Irvin, Dale T. 2005. "A Review of The Next Christendom: The Coming of Global Christianity by Philip Jenkins." *Journal of Pentecostal Theology* 13(2): 273-80.

_____. 2008. "World Christianity: An Introduction." *The Journal of World Christianity* 1(1): 1-26.

Jenkins, Philip. 2004. "After the Next Christendom." *International Bulletin of Missionary Research* 28(1): 20-22.

_____. 2011. *The Next Christendom: The Coming of Global Christianity*. Oxford: Oxford Univ. Press.

Kraft, Charles H. 1999. *Communicating Jesus' Way*. Pasadena: William Carey Library.

Laing, Mark. 2011. "Looking Back to Move Forward: Some Lessons and Challenges from Mission History." in *Understanding Asian Mission Movements: Proceedings of the Asian Mission Consultations*. eds. Kang San Tan, Jonathan Ingleby, and Simon Cozens. Gloucester: Wide Margin. 103-27.

McGavran, Donald. 1972. "Will Uppsala Betray the Two Billion?" in *The Conciliar-Evangelical Debate*. ed. Arthur Glasser and Donald McGavran. Waco: Word Books.

_____, ed. 1972. *Eye of the Storm: The Great Debate in Mission*. Waco: Word Books.

McLead, Hugh, ed. 2006. *The Cambridge History of Christianity*. Vol. 9: *World Christianities C.1914-C.2000*. Cambridge: Cambridge University Press.

Murray, Stuart. 2018. *Post-Christendom: Church and Mission in a Strange New World*. Eugene: Cascade Books.

Newbigin, Lesslie. 1978. *The Open Secret: An Introduction to the Theology of Mission*. Grand Rapids: Wm B. Eerdmans Publishing Co.

_____. 1979. "Context and Conversion." *International Review of Mission* 68(271): 301-12.

_____. 1983. *The Other Side of 1984: Questions for the Churches*. Geneva: World Council of Churches.

_____. 1988. "The Enduring Validity of Cross-cultural Mission." *International Bulletin of Missionary Research* 12(2): 50-53.

_____. 1991. "The Bible: Good News for Secularized People." The Keynote Address during the Europe/Middle East Regional Conference in Eisenach, Germany in April 1991. Newbigin.net Online Bibliography.

Niles, D. T. 1951. *That They May Have Life*. Student Volunteer Movement for Christian Missions.

Ott, Craig, ed. 2016. *The Mission of the Church: Five Views in Conversation*. Grand Rapids: Baker Academic.

Parshall, Phil. 2001. "Muslim Evangelism: Mobilizing the National Church." *Evangelical Missions Quarterly* 37(1): 44-47.

Parratt, John, ed. 2004. *An Introduction to Third World Theologies*. Cambridge: Cambridge University Press.

Richebacher, Wilhelm. 2003. "Missio Dei: The Basis of Mission Theology or A Wrong Path." *International Review of Mission* 92(367): 588-605.

Ringma, Charles. 2004. "Holistic Ministry and Mission: A Call to Reconceptualization." *Missiology: An International Review* 32(4): 431-48.

Robert, Dana L. 2009. *Christian Mission: How Christianity Became a World Religion*. West Sussex: Wiley-Blackwell.

_____. 2020. "Naming 'World Christianity': Historical and Personal Perspectives on the Yale-Edinburgh Conference in World Christianity and Mission History." *International Bulletin of Mission Research* 44(2): 111-28.

Sanneh, Lamin. 2002. "World Christianity and the New Historiography: History and Global Interconnections." in *Enlarging the Story: Perspectives on Writing World Christian History.* ed. Wilbert R. Shenk. Maryknoll: Orbis Books. 94-114.

_____. 2008. *Translating the Message: The Missionary Impact on Culture.* 2nd ed. Maryknoll: Orbis Books.

_____. 2013. "World Christianity Today: North America." 『선교와 신학』 제 31 호: 89-119.

Sawyerr, Harry. 1978. "The First World Missionary Conference: Edinburgh 1910," *International Review of Mission* 67(267): 255-72.

Shenk, Wilbert R. 1984. "The 'Great Century' Reconsidered." *Missiology: An International Review* 12(2): 133-46.

_____. 1992. "Reflections on the Modern Missionary Movement: 1792-1992." *Mission Studies* 9(1): 62-78.

Tennent, Timothy C. 2007. *Theology in the Context of World Christianity.* Grand Rapids: Zondervan.

The Third Lausanne Congress. 2010. *The Cape Town Commitment: A Confession of Faith and a Call to Action.* Lausanne Library.

The WEA Global Review Panel. 2013. "Report to World Evangelical Alliance for Conveyance to Wycliffe Global Alliance and SIL International." from https://worldea.org/wp-content/uploads/2020/01/2013_0429-Final-Report-of-the-WEA-Independent-Bible-Translation-Review-Panel.pdf.

Van Gelder, Craig. 2013. "The Future of the discipline of Missiology: Framing current realities and future possibilities." *Missiology: An International Review* 42(1): 39-56.

Walls, Andrew. 2002. *The Cross-cultural Process in Christian History: Studies in the Transmission and Appropriation of Haith.* Maryknoll: Orbis Books.

_____. 2016. "The Transmission of Christian Faith: A Reflection." in *The Wiley Blackwell Companion to World Christianity.* ed. Lamin Sanneh. 685-98. West Sussex: Wiley & Son's Ltd.

_____. 2017. *Crossing Cultural Frontiers: Studies in the History of World Christianity.* Maryknoll: Orbis Books.

Winter, Ralph D. 1978. "Ghana: Preparation for Marriage." *International Review of Mission.* 67(267): 338-53.

Zurlo, Gina A., Todd M. Johnson, and Peter F. Crossing. 2020. "World Christianity and Mission 2020: Ongoing Shift to Global South." *International Bulletin of Mission Research* 44(1): 8-19.

_____. 2021. "World Christianity and Mission 2021: Questions about the Future." *International Bulletin of Mission Research* 45(1): 15-25.

서문

1 임태순, "지난 세기의 선교 패러다임 변화들과 코로나 이후의 선교,"『선교, 이제 어떻게 하지? 새로운 선교 패러다임의 모색』(서울: 한국해외선교회출판부, 2022), 63-95.

2 세계 선교 상황의 변화 가운데 한국선교의 새로운 방향과 전략을 논의하는 제8차 세계선교전략회의(NCOWE)가 2023년 6월 13일부터 16일까지 3박 4일간 강원 평창 알펜시아 컨벤션센터에서 열렸다. 한국세계선교협의회(KWMA)가 개최하는 이번 회의는 '다시, 그곳에서'(엡 2:10)라는 주제와 '세계 기독교 시대에 한국선교의 재고와 전망'(*Rethinking Korean Mission in World Christianity Today and Beyond*)이라는 부제로, 서구 교회가 쇠퇴하고 선교 영향력이 감소하는 한편 제3세계 교회가 부흥하는 세계 기독교 시대에 한국선교가 나아갈 길을 모색하는 자리였다. KWMA 회원단체 대표, 목회자, 선교사, 해외 초청자, 여성 리더, 평신도 리더, 다음세대, 선교학 교수 등 540여 명과 스태프, 중보기도자, 자원봉사자들까지 총 640여 명이 참여했다.

들어가는 글

1 『벌거벗은 기독교 역사』(Bullies and Saints: An Honest Look at the Good and Evil in Christian History, 2021)에서 저자인 딕슨(John Dickson)은 자신이 참여했던 토론 배틀에서의 패배 경험을 이야기한다. 이 배틀의 주제는 "종교가 없으면 세상이 더 좋아질 것이다"였는데 "아니다"라는 입장에 섰던 필자의 팀이 최종 투표에서 패했다고 고백했다. 이 책에서 딕슨은 기독교가 행한 많은 전쟁, 실수들을 소개한다.

2 호켄다이크(Johannes C. Hoekendijk)가 1952년 국제선교협의회(IMC) 빌링겐 회의에서 발표한 "선교적 사유에 있어서의 교회"(The Church in Missionary Thinking)라는 논문이 대표적이다.

1부 선교 패러다임 전환의 배경

1 국립도서관이나 쭐라롱콘 대학(태국 최고 명문대) 도서관에 가서 태국 내 무슬림들에 대한 자료나 논문들 찾아 읽고, 주말에는 방콕 전역에 흩어진 무슬림 지역들을 직접 방문해 이들의 상황을 파악했다. 태국 교회들도 방문해 혹시 그들 안에 무슬림 개종자들이 있는지 조사했다.

2 이 글은 D. T. Niles의 글에서 인용된 것이다. Cf. D. T. Niles, 1951. *That They May Have Life*. Student Volunteer Movement for Christian Missions. 96.

3 사실 뉴비긴의 제안은 새로운 것은 아니었다. 롤랜드 앨런이 이미 20여 년 전에 동일한 내용을 제안했다. 롤랜드 앨런은 『바울의 선교 vs 우리의 선교』(Missionary Method: St. Paul's or Ours?, 1912)에서 바울은 빠른 시간 안에 현지인 주도로 사역을 전환했으며 가능한 빨리 사역현장을 성령과 현지 지도자에게 맡기고 그 자리를 떠났다고 주장했다. 필요 이상으로 선교사가 길게 머무르게 되면 토착 문화에 기초한 기독교 정체성 형성이 지체되고 선교사 외존적인 교회를 양산하게 된다고 비판하면서 선교사들은 바울의 모델을 따라야 한다고 주장했다.

4 범세계적인 선교대회의 필요성을 최초로 주장한 사람은 근대 선교의 아버지인 윌리엄 캐리(William Carey)로 알려져 있다. 역사학자 데이나 로버트(Dana Robert)의 설명이다. "근대 선교의 문을 연 윌리엄 캐리는 1810년에

전 세계적으로 개신교 선교사 모임을 갖는 꿈을 꿨었다. 동일한 소망을 가진 다양한 목소리가 모여 1910 년 에든버러 세계선교사대회로 모이게 되기까지 또 다른 한 세기가 걸렸다. 먼저 전 세계에 많은 선교사들이 흩어져 사역하고 있었는데 이들은 자신들이 직면한 문제들을 만나 대화할 수 있는 장을 필요로 하고 있었다. 또한 이들은 교단과 국경을 초월해 서로를 격려하는 만남을 갖기 원했으며 이를 통해 공유된 소속감을 갖기 원했다"(Robert 2009, 56).

5 국제선교협의회는, 교파를 넘어 국제적으로 선교에 대해 협력하고 지속적인 논의를 이어가기 위해 이를 담당할 실무 기구로서 1921 년 런던에서 결성되었다. 예루살렘(1928), 탐바람(1938), 위트비(1947), 빌링겐(1952), 가나(1958)에서 회의가 개최되었다. 1958 년 가나회의 결정에 따라 그 기능이 세계교회협의회(WCC) 산하의 전도와 세계선교위원회에 통합되면서 1961 년 해체되었다.

6 크리스텐덤(Christendom)은 기독교가 지배하는 사회, 또는 기독교인이 다수인 국가들을 의미한다. 역사적으로 삶의 전 영역이 기독교 신앙과 문화의 영향 아래 있던 근대 서구 사회를 지칭한다.

7 이 패러다임은 두 얼굴을 갖고 있다. 해외 선교지에서는 전 세계에 기독교를 퍼뜨리는 엄청난 성공을 거뒀지만 한편으로 본거지라 할 수 있는 서구에서는 그 영향력을 상실하고 서서히 역사의 무대에서 퇴장하고 있다.

8 선교 모라토리엄은 서구 교회에게 엄청난 충격이었다. 떠나달라는 선교지 교회 지도자들의 요청을 대하면서 서구 선교 지도자들은 자신들의 선교운동 방식에 문제가 있었음을 직감했다. 이어 진지한 자기 성찰이 이어졌다. 이 요청에 대한 서구 교회의 반응은 둘로 나뉘었다. 하나는 에큐메니컬 진영의 반응으로 '선교 방향의 전환'이었다. 기독교의 확장이 아니라 이제는 전 세계에 흩어져 있는 교회들과 함께 '세상의 변화'로 나아가겠다는 결정이었다. 교회개척을 위한 선교사 파송이 줄고 해외 선교운동은 급격하게 약화되었다. 다른 하나는 복음주의 진영의 반응이었다. 마찬가지로 비서구 교회 지도자들의 선교 중지 요청을 진지하게 받아들였지만 그에 대한 반응은 달랐다. 타문화 선교의 축소가 아니라 기존의 선교운동을 유지하면서 사역 대상을 재조정하는 것이었다. 아직 교회가 개척되지 않은 '미전도' 지역을 향한 전방개척 사역으로의 전환이었다. '미전도종족' 개념이 새롭게 강조되었고 미전도종족 선교전략을 중심으로 타문화 선교운동은 오히려 더 활기를 얻었다. 1974 년 로잔 세계복음화대회가 이 전환의 결정적 계기였다. 폐기되어야 한다는 도전을 받고 있던 전문 선교단체들이 다시 선교운동을 주

도하게 되었다.

2 부 21 세기 선교 패러다임의 기둥들

1 '하나님의 선교'에 대한 이해는 시대마다 크게 변화를 겪어왔다. 데이빗 보쉬도 그의 책 『변화하는 선교』에서 20 세기 후반 반 세기 동안, 선교를 "하나님의 선교로 이해하게 되는 미묘하면서도 확고한 전환"(a subtle but nevertheless decisive shift toward understanding mission as God's mission)이 있었다고 주장했다(보쉬 2017, 604).

2 개종자들의 가족들을 중심으로 전도 열매가 있었고 개종자 형제들과 전도 문서를 함께 번역, 출판해 배포도 했다. 인터넷 전도 사이트도 운영했고 여러 신학교에서 신학생들을 대상으로 이슬람 선교 세미나를 개최하기도 했다.

3 이 논의를 잘 보여주는 글 중의 하나가, 호켄다이크가 국제선교협의회 (IMC) 빌링겐 회의(1952)에서 발표한 "선교적 사유에 있어서의 교회"(*The church in missionary thinking*, 1952)라는 짧은 논문이다. 호켄다이크의 논문 자체에서는 '하나님의 선교'(*missio Dei*)라는 용어가 사용되지는 않았다. 오히려 이 논문은 오이쿠메네의 회복을 강조했다. '하나님의 선교'(미시오 데이)라는 개념은 빌링겐 IMC 회의(1952)가 끝난 뒤 회의 결과를 설명하는 과정에서 Karl Hartenstein 의 보고서에 사용되었다(Richebacher 2003, 589).

4 아버지께서 그리스도를 세상에 보내신 것과 같이 그리스도는 그의 구속받은 백성들을 세상으로 보내시는 것을 우리는 확인한다. … 교회가 희생적으로 해야 할 일 가운데 전도는 최우선적인 것이다(로잔언약 제 6 항. "교회와 전도," https://blog.naver.com/wmius/22280597-2840).

5 이 책은 뉴비긴이 신임 선교사들을 대상으로 행한 선교학 강의 내용을 정리한 것이다. 이 책의 한국어 부제는 "마침내 드러난 하나님의 비밀, 선교"라고 했는데, 영어 원문에 붙어있는 부제는 "선교신학에의 초대"(*An Introduction to the Theology of Mission*)이다. 한국어 부제를 책 내용에 맞도록 다시 붙인다면 "마침내 드러난 하나님의 비밀, 삼위일체 하나님의 선교"가 더 적합할 듯하다.

6 에스코바는 이과수 회의에서 21 세기 복음주의 선교학을 전망하는 "복음주의 선교학: 세기의 전환기의 미래에 대한 응시"(*Evangelical Missiology:*

Peering into the Future at the Turn of the Century)라는 논문을 발표했는데, 이 글에서 '삼위일체 하나님의 선교'의 의미를 다루고 있다.

7 퍼난도가 발표한 네 개의 논문의 제목들은 다음과 같다. "하나님: 선교의 근원, 출발점, 끝", "예수: 선교의 메시지와 모델", "성령: 선교의 신적 실행자", 그리고 "교회: 삼위일체의 거울" 등이다. '삼위일체 하나님'과 함께 '삼위일체의 거울'로서 교회에 대한 논의를 덧붙여 양자를 통합하고자 했다. '하나님이 선교'와 교회의 중심성을 통합하려는 복음주의적 관점을 잘 보여주었다.

8 '하나님의 선교'와 '교회의 선교'가 함께 가야 함을 설명한 또 다른 학자는 크리스토퍼 라이트다. 그는 『하나님의 선교』(*The Mission of God*, 2006)와 함께 『하나님 백성의 선교』(*The Mission of God's People*, 2010)를 출판해 두 주제를 통합하려 노력했다. 한편 선교적 교회 논의도 선교에 있어서 교회의 중심성을 포기하지 않으면서 하나님의 선교의 통합을 시도한 좋은 예라 할 수 있다.

9 물론 이를 위해서는 이 교회들을 하나로 묶을 수 있는 '양보할 수 없는' 복음의 본질에 대한 합의가 전제되어야 한다. 1950년대 초 C. S. 루이스는 'Deep Church' 논쟁을 통해 초기 기독교의 신조들과 합의들을 교회 연합의 토대로 활용하자는 주장을 했고, 최근에는 짐 벨처가 『깊이 있는 교회』(2011)에서 다양한 교회들을 하나로 묶을 수 있는 복음의 본질을 논하기도 했다. 앞에서 언급한 A. 윌스의 기준, 예를 들면, 예수 그리스도의 중심성, 공유되는 성례들, 성경과 성령에 대한 믿음, 그리고 성례전, 역사적으로 공유되는 정체성 등도 그 한 예가 될 수 있다.

10 태국에는 5백만 이상의 말레이계 무슬림들이 살고 있는데 이들은 복음에 매우 적대적이어서 이들 가운데 회심자가 거의 없다. 태국어 성경을 무슬림들이 편안하게 느끼는 용어들로 개정하는 작업은 이들을 향한 복음적 돌파를 위한 매우 중요한 사역이었다. 초기에는 싱가포르 출신 선교사가 이 개정 사역을 담당했고, 태국성서공회, 무슬림 사역 선교사들, 그리고 소수의 무슬림 배경 개종자들로 구성된 위원회가 번역 사역을 지원했다. 필자도 태국을 떠날 때까지 여러 해 동안 위원회의 일원으로서 사역을 위한 행정과 번역 컨설팅 과정에 참여했다. 성경의 번역(개정) 과정에 참여하면서 많은 것을 배웠지만, 특히 복음의 번역 가능성이 현장에서 어떤 의미를 갖는가를 경험하는 기회였다.

11 이 질문은 "나의 주님이시요 나의 하나님이시니이다"(요 20:28)라고 한 도마의 신앙고백도 동일하게 적용된다. 이 고백을 할 때 도마는 자신의 고백

이 신학적 문제를 일으킬 것이라 생각하지 않았을 것이다. 단지 자신이 체험하고 믿는 바를 있는 그대로 표현한 것이다. 그의 사고 안에는 "유일신 야훼 하나님이 있는데 예수를 나의 하나님으로 고백하는 것은 논리적 모순 아닌가?" 라는 질문 자체가 없었다. 그런데 헬라인들은 달랐다. 그들의 세계관은 논리적 모순이 분명한데 예수를 하나님으로 고백하는 것은 불가능했다. 당연히 헬라 철학적 개념들을 가져와 그 모순을 설명해야 했다. 예수의 신성이 야훼 하나님과 본질적으로 동일(*homo-ousios*)한가 아니면 유사한 본질(*homoi-ousios*)인가? 하는 구분은 목숨을 바칠만한 중요한 주제가 되었다.

12 그도 성경의 '하나님의 아들'이란 표현을 직역할 경우 이슬람 상황에서는 오히려 성경적 의미가 오히려 왜곡될 위험이 있다고 보았다. 성경에서 이 표현이 사용된 이유는 가족적 관계보다는 예수님과 성부 하나님의 특별한 관계를 담아내기 위해서였다. 그런데 직역을 할 경우 이를 담아내기 어려운 면이 있다. 혈육적 관계를 연상케 하는 부분을 배제하면서 동시에 하나님과의 특별한 관계를 표현할 수 있는 용어를 태국어 상황에서 찾으려 했다. '기름부음 받은 거룩한 자'라는 용어는 예수의 메시야 됨을 표현하면서도 동시에 예수의 특별한 지위를 의미하는 꾸란의 용어가 고려되었다.

13 이런 관점에서 스티븐 베반스는 그의 책『상황화 신학』(2002)에서 번역이론을 보수적 신학적 관점으로 분류한다.

14 "무리들 때문에 예수께 데려갈 수 없으므로 그 계신 곳의 지붕을 뜯어 구멍을 내고 중풍병자가 누운 상을 달아 내리니"(막 2:4), "무리 때문에 메고 들어갈 길을 얻지 못한지라 지붕에 올라가 기와를 벗기고 병자를 침상째 무리 가운데로 예수 앞에 달아 내리니"(눅 5:19). 마가복음에 사용된 헬라어 원어의 의미는 '파내다'(dig out)인데 반해 누가복음의 헬라어 원어의 의미는 '타일을 벗겨내다'이다.

15 위클리프 선교회(Wycliffe Global Alliance)의 홈페이지에 따르면 2022년 현재 신구약 성경 전체가 724개 언어로 번역되었고, 신약만 번역이 완료된 경우는 1,617개 언어이며, 성경의 일부분만 번역된 언어도 1,248개나 된다.

16 복음이 유대 문화를 넘어 헬라 이방인 문화 속에 심겨질 때, 헬라 문화권의 사람들에게 복음을 설명하기 위해 헬라 문화의 주요 개념들인, '로고스'(Logos) '큐리오스'(주님), '에클레시아'(교회) 등을 성경적 관점으로 새롭게 재해석한 뒤 사용되었다.

17 자신학화는 신학의 상황화(contextualization of theology)로서 지역 신학(local theology)이라고 부를 수 있다. 이는 현지인들이 자신들에게 주어진 신학적 질문들에 대해서 스스로 답하는 해석공동체가 되는 것을 말한다. 폴 히버트는 1985년 출판한 『선교와 문화인류학』(*Anthropological Insights for Missionaries*. Grand Rapids: Baker, 1985. 193-224)에서 자치, 자급, 자전에 더해 제4자 원리(the fourth self)로서 자신학화를 말하였다(https://krim.org/glossary/self-theologizing/). 그런데 문화인류학자로서의 한계 때문이었는지 히버트 박사는 이에 관한 논의를 더 발전시키지 않았다. 그의 "자신학화"에 대한 통찰력은 사네의 "복음의 번역 가능성" 논의와 함께 21세기 들어 본격적 논의의 대상이 되고 있다.

18 이 부분은 제8회 NCOWE (2023)에 제출했던 주제 논문의 일부를 수정 후 사용했다.

19 이 학회의 연구활동과 의미에 대해서는 이재근 교수가 그의 논문 "세계 기독교학의 부상과 연구 현황"(2014)에서 자세히 설명하고 있다.

20 다음은 '세계 기독교'를 연구하는 대표적인 기관들이다. 에딘버러 대학의 Centre for the Study of World Christianity, 보스턴대학의 Center for Global Christianity and Mission, 캠브리지 대학의 Cambridge Centre for Christianity Worldwide, 미국의 칼빈대학교의 Nagel Institute for the Study of World Christianity, 고든-콘웰 대학교 Center for the Study of Global Christianity, 존스홉킨스 대학교의 Studies in World Christianity, 풀러신학교의 Global Research Institute 그리고 트리니티복음주의 신학교의 The Paul G. Hiebert Center for World Christianity and Global Theology 등 다양하다. 한국의 대학교와 신학교에서도 비슷한 경향이 나타나고 있는데, 연세대학교는 최근 World Christianity and Mission Studies 프로그램을 개설했고 횃불 트리니티 대학원 등에서도 세계 기독교 관련 과목들을 개설하고 이와 관련된 연구가 진행되고 있다.

3부 새로운 선교 패러다임의 실제

1 필자는 개인적으로 1974년 로잔언약의 선교 정의에 동의하는 편이지만 두 관점의 차이는 선교 현장에서 그리 큰 문제가 되지 않는다고 생각한다. 필자가 필리핀에서 신학석사 공부할 때 은사였던 찰스 링마(Charles Ringma)는 이 논쟁은 결론에 이를 수 없는 무의미한 시간낭비라고 하면서 각자의

이해 위에서 하나님의 선교에 참여하는 것에 집중할 것을 주장했다.

이 논쟁(전도냐 사회참여냐?)은 다음 두 이유 때문에 좋은 결론에 이를 수 없었다. 첫째, 성경은 하나님의 관심이 언제나 전인(whole person), 공동체, 창조 질서 전반의 회복에 있기 때문이다. 하나님의 구속과 샬롬은 단순히 우리의 영혼만을 위한 것이 아니라 인간의 삶 전 영역을 위한 것이다 … 둘째, 기독교 교회의 오랜 역사에서 이웃에 대한 사랑을 배제한 채 하나님의 사랑을 주장하지 않거나, 교회의 세상 가운데서 선교적, 예언자적, 변혁적 역할을 가르치지 않는 전통은 없었기 때문이다. 오늘날 복음주의에서의 총체적 선교에 대한 논의는, 복음전도인가 아니면 사회참여인가라는 무의미하고 해결 가능성이 희박한 논쟁에 갇혀 있다는 것이 나의 결론이다 (Ringma 2004, 434-35).

2 무슬림들이 행하는 선교에 대한 이 무슬림 지도자의 주장은 백 프로 진실은 아니다. 이슬람이 행하는 선교 (아랍어로는 '다와')는 기본적으로 이미 이슬람을 믿는 무슬림들을 대상으로 진행되는 것은 맞지만, 그렇다고 타종교인들을 이슬람으로 개종시키기 위한 노력을 하지 않는 것은 아니다.

3 태국 남부에 2-3 개의 가정 교회가 세워지기는 했지만 한센병 환자로 구성된 특수한 공동체였고 그 숫자도 미미했다.

4 도노반은 자신의 사역 원칙들이 롤런드 앨런(Roland Allen)이 그의 책 『바울의 선교 vs. 우리의 선교』에서 제안한 원칙들을 따른 것이라 말하고 있다.

5 존스는 먼저 자신이 지키는 여섯가지 선교원칙을 언급했는데 그 내용은 다음과 같다. (1) 백 퍼센트 솔직해야 한다. (2) 어느 누구의 종교도 공격하지 않을 것임을 먼저 확인시켜 준다. (3) 종교간의 대화를 마칠 때에는 참가자들이 질문할 수 있도록 시간을 준다. (4) 집회가 열리는 도시의 비기독교 지도인사를 집회 의장으로 세운다. (5) 기독교는 그리스도로 정의되어야 한다. (6) 그리스도는 논쟁이 아니라 기독교적인 경험에 의해 해석되어야 한다.

6 여기 언급된 사항들은 이방인 교회들과 유대 문화 배경의 교회들이 교제하고자 할 때 방해가 되는 최소한의 문화적 걸림돌을 언급한 것이다.

7 이 책은 그해 *International Bulletin of Mission Research* (IBMR)이 선정한 선교 관련 올해의 저서 중 하나로 선정되었다. 2020 년 한국어로 번역되어 『한국기독교형성사』라는 제목으로 출판되었다.

8 이 글은 서굉일 교수의 "단군과 기독교," 서울신문 (2000. 8. 23)에서 인용 (https://www.seoul.co.kr/news/newsView.php?id=20000823006002).

9 강화지역 기독인들이 힘을 모아 2022 년 설립한 강화기독교역사기념관은 '마리산 기도회'를 강화도 기독교 부흥의 주요 배경으로 소개하고 있다. 강화도는 초기에 개신교가 들어온 지역으로 210 여개의 교회들이 존재하고 높은 복음화율 (50% 내외)을 나타내는 지역이다. 이 부흥의 배경에는 '마리산 기도회' 뿐아니라 전통 한옥 형식으로 지어진 성공회 강화성당 등, 복음을 한국 토착 문화와 통합하고자 했던 선교학적 시도들이 자리하고 있다.

10 낙타전도법은 무슬림 전도방법으로 남아시아 B 국에서 시작되었다. 이 전도 방법론은 이슬람의 경전인 꾸란을 도구로 사용해 예수님을 소개한다. 꾸란에 등장하는 대부분의 선지자들은 성경의 인물들이고 이들에 대한 기록 역시 성경과 유사하다. 특히 예수(아랍어로는 이사)를 선지자 중 하나로 존경하며 예수의 처녀 탄생, 기적 행함, 복음서의 가르침, 마지막 날 심판자로 다시 오심 등을 믿는다. 이런 내용들에 대한 꾸란의 가르침을 사용해 예수님을 소개하는 전도방법이다.

11 케빈 그리슨의 『모슬렘을 위한 낙타 전도법』(2009)을 참고하라.

12 한국 외국인 노동자 선교회(Friends of All Nations, FAN) 대표인 전철한 목사가 낙타전도법을 요약한 내용이다(https://cafe.daum.net/eyejesus/I6TV/18?q).

13 이 말은 19 세기 중엽 영국의 교회선교협의회(CMS)를 이끈 행정가였던 헨리 벤(Henry Venn)이 한 말이다. 그는 삼자원리를 제시해 토착교회 설립의 필요성을 강조했는데, '선교의 안락사'는 토착교회 설립이 성취된 이후 선교사는 즉시 철수해야 한다는 것을 상징하는 표현이다.

14 공식적인 이 대회의 참석자 수는 1,215 명이며 이 중 비서구 출신 참석자의 수는 18 명이었다. 소수의 비서구 출신 참석자들은 자국 교회 대표가 아니라 서구 선교단체 회원이나 초청자 자격으로 참석한 것이었다(스탠리 2010, 151-54).

15 서구에서 발전한 전통적 (근대) 선교구조가 21 세기 상황에 적합하지 못한 이유를 폴 벤더-사무엘 박사는 다음 네 가지로 요약한다. (1) 가난한 비서구 교회가 감당하기 벅찬 재정 구조, (2) 선교의 주체인 지역교회와 분리된 채 운영되는 선교단체 중심의 사역, (3) 전임 선교사에 대한 피선교지 정부들의 비자 통제와 같은 정치적 장벽, (4) 단기 사역 확대 추세와 장기사역 헌신의 감소 등이다. 이런 변화 속에서 전통적 선교구조는 존재의 정당성 자체에 대한 질문에 직면하고 있다(Bendor-Samuel 2020, 259).

16 필자의 멘토인 필 파샬 박사는 1990 년대 이미 이 원칙에 기초해 사역했다.

필리핀 무슬림 선교사로서 그는 대부분의 에너지를 필리핀 교회가 무슬림 사역을 주도하도록 하는 데 집중했다. 필리핀 무슬림 선교는 궁극적으로 필리핀 교회가 주도해야 할 사역이며 선교사는 이를 위한 촉매자임을 강조했다(Parshall 2001, 44-47).

17 뉴비긴은 대표적인 에큐메니컬 운동 지도자였음에도 불구하고 복음주의 선교운동에 지대한 영향을 미쳤다. 그 이유는 그가 두 가지 면에서 복음주의가 중요시하는 영역을 지지했기 때문이다. 하나는 세상의 변혁을 위한 주체로서 교회의 중요성을 강조한 때문이고, 다른 하나는 복음이 전파되지 않고, 그래서 아직 건강한 토착교회들이 세워지지 못한 '땅끝'에 대한 열정 때문이었다. 이 관심 때문에 그는 자연스럽게 전문 파송 선교단체가 필요하다는 태도를 유지했다.

18 저널 이름에서 's'를 제거하는 문제에 대해 뉴비긴은 반대의 입장을 분명히 했다. 그는 's'를 없애는 것이 단순히 글자 하나를 빼는 것 이상의 문제라 여겼다. 이로 인해 교회 없는 지역을 향해 파송 받은 선교사들의 역할이 무시되고 타문화 선교가 약화될 것을 우려했다(고힌 2021, 464-65).

19 위클리프성경번역선교회(WBT)는 카메룬 타운젠트(William Cameron Townsend)에 의해 1942년 설립되었다. 후에 여러 나라에 위클리프 조직들이 생겨났는데 그들은 WBT의 해외 지부 형태로 운영되었다. 1980년, 이들 지부들을 포함하는 연합 조직으로서 '국제 위클리프'가 발족되었고, 1991년에는 지부로서 운영되던 각 나라의 위클리프 조직들이 하나의 선교기관으로 독립하게 되면서 회원 단체들의 연합 조직으로 재조정되었다. 그러나 아직은 서구적 조직들의 연합체에 가까웠다.

20 위클리프 선교회의 공식 문서는 명칭 변화의 배경을 다음과 같이 설명한다. '국제'(international)란 용어가 통상 미국과 영국 밖의 다른 나라들을 지칭하는 의미로 사용되기에, '국제 위클리프'라는 명칭은 은연 중에 위클리프 선교회가 서구 중심적 단체임을 표현하고 있다. 참여하는 단체들이 이미 글로벌 차원으로 바뀌어 있었으므로 '글로벌'이란 용어가 더 적절했다. 전체 105개 회원 단체 중 45개 정도만 위클리프의 주도로 세워진 것이며 나머지 60개 단체들은 각 지역 선교운동의 결과 자생적으로 세워진 단체들이었다(https://www.wycliffe.net/a-new-name).

21 이 변화의 의미는 크게 세 가지로 나눠 볼 수 있다. 첫째, 신학적(theological) 의미다. WGA로의 전환은 신학적 변화를 반영한다. 선포(proclamation) 중심에서 통합적 선교(Integral Mission: 선포와 변혁)로, 지역(local) 중심에 글로컬(glocal: 글로벌과 로컬의 통합) 중심으로의 변화다. 둘째, 이

명칭의 변화는 선교학적(missiological) 관점의 변화다. 새로운 명칭은, 서구/북반구 교회 중심에서 글로벌(global) 교회 중심으로, 과업 중심에서 왕국(Kingdom) 중심 파트너십으로, 그리고 우월한 권력(재정)에 의한 통제 중심에서 공유된 권력(shared power)에 의한 통제로 전환되었음을 의미했다. 마지막으로, 구조와 전략 차원의 변화를 담아내고자 했다. '세움'(a building)보다는 여정(a journey)으로, 개인이 회원이 되는 구조에서 단체와 운동이 회원이 되는 구조로, 서구/북반구가 주도하는 조직에서 글로벌(global) 차원의 다양한 교회들이 함께 이끄는 조직으로, 위계적 파트너십에서 참여적 파트너십(participatory partnership) 구조로의 전환이 시도된 것이다(https://www.wycliffe.net/a-new-name).

나가는 글

1 나린(Narin) 선교사는 OMF 소속으로 캄보디아에 파송되어 훌륭하게 교회 개척 사역을 담당했고 귀국해 OMF 태국본부 대표를 하면서 태국 교회 지도자들로 구성된 '태국선교동역회'를 이끌었다. 무슬림 선교에 대한 관심도 깊어 태국 교회들 안에서 '카이로스' 선교훈련을 진행하면서 태국 교회의 선교 동원을 주도하고 있다.